JN320005

人とのかかわり方を育てる

スキルあそび45

無藤 隆／監修・指導

日本標準

はじめに

落ち着きがない、すぐキレる、うまく会話ができない、ルールが守れないなど、子どもの基本的な生活習慣の乱れや対人関係のスキルの欠如が問題になっています。

子どもを取り巻く社会も大きく変化し、本来は、家庭や地域で身につけるスキルですが、その機会も少なくなっています。

私たちの研究所では、ＮＰＯ星槎教育研究所と共同で、「ソーシャルスキルワーク」を小学生向けに開発し、人間関係力の育成を提案いたしました。現在多くの小学校で道徳の授業などを中心にご活用をいただいております。

幼児に対しては、ソーシャルスキルをどのように育成していけばよいか、無藤隆先生にご指導をいただいて研究をいたしました。

本書は、幼児が身につけてほしいスキルを分類したのち、普段の「あそび」を「スキルあそび」に進化させて１冊にまとめたものです。

「あそび」には、もともといろいろなスキルが詰まっています。それを目に見える形にして、クラス全員で楽しくあそぶことが大切です。このことによって子どもたちに確実にスキルが定着し、互いに高めあえることができるようになります。

「かくれんぼ」ひとつとっても、隠れたときのがまん、隠れる範囲のルール決め、小さい子を思いやる、トラブルのときの話し合いなど、これらのスキルは、そのまま社会にあてはまることです。

園生活は、毎日があそびです。本書をきっかけに、あそびの中のソーシャルスキル一つひとつに目を向けて指導をされてはいかがでしょうか。改めて、人間関係力と集団あそびの結びつきを実感されることでしょう。

本書は園用として「スキルあそび」を掲載しましたが、小学校の「スタートカリキュラム」や小学生と幼児の交流の場でも、ぜひお役立ていただければと思います。

ＮＰＯ日本標準教育研究所

もくじ

第１章　幼児期の対人関係スキル●基礎知識 ―― 7

1　希薄になりつつある子どもの人間関係
この現況の背景にあるのは何か？ ―― 8

2　幼児期に身につけたい人間関係力
対人関係スキル　10の分類 ―― 11

3　「あそび」で子どもの人間関係力が育つ
子どもの人間関係力を育てるために保育者ができること ―― 17

第２章　人間関係力をつけるスキルあそび 45 ―― 21

本書の活用の仕方 ―― 22
1　握手でごあいさつ ―― 24
2　おはよう「ドンジャンケン」 ―― 26
3　「フルーツバスケット」で自己紹介 ―― 28
4　「ありがとう」でボール渡し ―― 30
5　「手をたたきましょう」で百面相 ―― 32
6　いろいろにらめっこ ―― 34
7　「いやいや」なあに？ ―― 36
8　連想ゲーム「これなあに？」 ―― 38
9　いつ、どこで、だれが、なにをした？ ―― 40
10　ピシッと座りっこゲーム ―― 42
11　みんなでジャンケン ―― 44
12　先生が言いました ―― 46
13　♪はないちもんめ ―― 48
14　「ウソ？　ホント？」ゲーム ―― 50
15　♪おちたおちた　なにがおちた？ ―― 52
16　おしごと伝言ゲーム ―― 54
17　オオカミさんに聞いてみよう ―― 56
18　リーダー探し ―― 58
19　何人乗れる？「新聞紙ゲーム」 ―― 60
20　♪らかんさんがそろたら ―― 62
21　まねっこ歩き ―― 64
22　借り物競走 ―― 66
23　“ピッ”で交代「電車ごっこ」 ―― 68
24　園庭サーキット ―― 70
25　おとなりへ渡しっこ ―― 72

26　アレンジおにごっこ「天使と氷オニ」……74
27　おみやげウォークラリー……76
28　ジェスチャーあそび……78
29　一緒に動こう「ぞうさんとくものす」……80
30　♪ことしのぼたん……82
31　お返事キャッチボール……84
32　携帯電話ごっこ……86
33　インタビューごっこ……88
34　コーナーあそびで「スタンプラリー」……90
35　みんなで描こう「散歩の絵」……92
36　顔のまねっこあそび……94
37　「線路は続くよどこまでも」……96
38　「おおきなかぶ」ごっこ……98
39　紙芝居「三匹のこぶた」……100
40　お片づけ「よーいドン」……102
41　手作り「生活すごろく」……104
42　順番並びかえ競争……106
43　並んであそんでスタンプラリー……108
44　○×クイズ「いいのかな？」……110
45　お店やさんごっこ……112
　１週　みんなで話し合おう（クラス活動）……112
　２週　商品を作ろう（グループ活動）……114
　３週　お店やさんを開こう……116
スキルあそび素材……118
生活すごろく台紙……122
すごろくのマスカード素材……124

第３章　子どもの人間関係を支援する保育ポイント……127

1　**スキルあそびを活用して園と家庭との連携をはかる**
　スキルあそびでの子どもの姿をどう伝えるか……128
2　**スキルあそびを活用して個人記録・要録を記入する**
　記録のために見るべきポイント……130
3　**支援が必要な子どもへの配慮**
　クラス担任ができることは何か……132
索引……134

第1章

幼児期の対人関係スキル●基礎知識

子どもの人間関係力を育てるために

人間関係力が不足しているといわれる現代。
幼児を取り巻く世界も同様です。
その原因・背景をとらえながら
幼児期に身につけたい人間関係力について考えます。

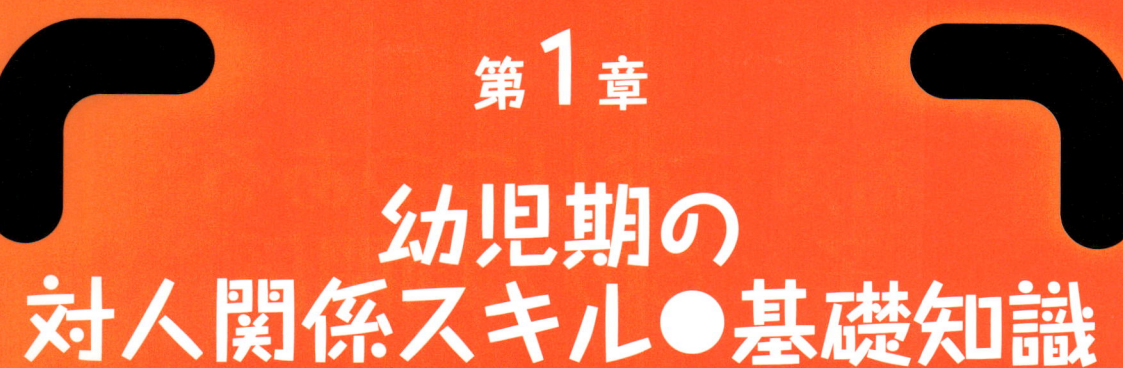

1

希薄になりつつある子どもの人間関係

この現況の背景にあるのは何か？

今の子どもたちの人間関係は親しい関係に限定された状態です。

「希薄になりつつある子どもの人間関係」というときに、すべての人間関係が希薄になっているわけではありません。多くの子どもたちにとって、家族、とくに母と子の関係や、ごく親しい友人との関係は保たれています。

問題は、それ以外の人間関係が乏しくなっているということです。

このような中で人間関係を育むための多くの経験が不足するようになりました。

きょうだいや近所の友だちが少なくなり、もつれ合ってあそぶとか、けんかをして仲直りをするような経験が少なくなりました。

まず、家族でも、きょうだいや祖父母との関係が減ってきました。

とくにきょうだいが少なくなったことで、けんかをしては仲直りをするという経験があまりなくなりました。

たとえきょうだいがいたとしても、歳が離れていればあそぶ機会は少なく、あまりけんかをすることもありませんね。

さらに、近所に友だちがいなければ、しょっちゅうもつれ合ってあそぶということもありません。

このような環境では、何かいざこざがあったときには「ごめんね」を言うことや、どうあやまるかということを経験する機会がほとんどないということになります。

このような中で育った子どもが幼稚園や保育園に入ったとき、友だちとおもちゃを分け合って一緒に使うという発想さえないこともあります。それまで家では、一人で全部使ってきましたから、分け合うという経験がほとんどなく、人と共有するということができないわけです。

さらには、単なる同級生といった関係が少なくなっていますし、近隣などの大人や年長者、いわゆる縦の関係も乏しくなっています。幼稚園や保育園の幼児にとっては小学生とか中学生とのつき合いが、非常に少ないですね。

また、かしこまった関係とか公的な関係といったもの…たとえば、「家にお客さまが来ているからちゃんとあいさつしなさい」と親から言われるような経験がほとんどなくなりました。

中学生くらいまでこのような状態が続きますから、まず、人間関係をつくる力が育たないという現実があります。

人間関係に必要な習慣を育むような機会も少なくなりました。

親子やごく親しい友人以外の人間関係には、「つき合い方」というものがあります。たとえば、何かまずいことをしたら「ごめんね」と言うようなことですが、たまたまぶつかってしまって相手が転んだとき、ぶつかったほうに悪気がなくても「ごめんね」と言いますね。それだけでもお互いの気持ちはおさまるものです。

「ごめんね」は自分の非を認める言葉だから、悪意がないならあやまらなくてもいい、と言う人もいますが、それほど大げさな話ではありません。ここで「ごめんね」と言うのは、ある種の社会的な型であって、人間関係を保つのに必要な習慣なのです。

あいさつや言葉の使い分けは、あいさつをする場面にたくさん接することで、自然に身につきます。

「あいさつ」では、関係性や状況に応じた使い分けというのも必要です。

たとえば「さようなら」と言うとき、幼児やごく親しい関係の人とは「バイバイ」ですみますが、大きくなるにつれ「バイバイ」でいいときもあるけれど「さようなら」と言ったほうがいいときも出てきます。

こういった使い分けは、だいたい3歳から小学校低学年くらいの間に少しずつ身につけ、小学校高学年くらいになると、しっかり身についていきます。

しかし中には、高学年になっても、言葉の使い分けができないとか、あいさつさえできない子もいます。それは親の教育が悪いということもありますが、それ以上にあいさつをするような場面にたくさん接しているかどうかが大きな要因になります。

家族の食卓で、お父さんがお母さんに何かとってもらうときに、いつも「ありがとう」と言っていると、子どもも自然に「ありがとう」が使えるようになります。大人同士が丁寧な言葉を使ってあいさつをしている場面に何度も接していれば、そういうものだと自然に身につきます。

敬語もそうですが、教えようと指導しても子どもはなかなか覚えません。でも、くり返し接していれば、そのうちなんとなく使えるようになってくるものなのです。

今、そういう経験がくり返されるような人間関係が足りない。機会が少なくなりました。地域社会がほとんど消えつつある中、子どもの人間関係は、親しい関係に限定されるような、非常に単純化された状態にあるということです。

（無藤　隆）

2

幼児期に身につけたい人間関係力

対人関係スキル　10 の分類

さまざまなスキルの習得が人間関係を育みます。

幼児期に身につけておきたい人間関係力は大きく 10 のスキルに分類することができます。

1
あいさつや
自己紹介が
できる
2
気持ちを
表したり、言葉で
伝えられる
3
気持ちを
調整できる
4
人の話を
聞くことが
できる
5
自分から仲間に
加わることが
できる
6
ルールを守って
あそぶことが
できる
7
人の気持ちを
考えて行動
できる
8
他者と会話が
できる
9
他者と
思いを共有
できる
10
生活のルールを
守ることが
できる

10 のスキルにおいて身につけたい具体的な子どもの姿です。

1　あいさつや自己紹介ができる

・あいさつができる
・自己紹介ができる
・言葉や表情、身振りで「ありがとう」を伝えることができる
・「ごめんね」とあやまることができる

2　気持ちを表したり、言葉で伝えられる

・自分の気持ちを表情に出すことができる
・自分の言いたいことが伝えられる
・わからないときに友だちや先生に尋ねることができる
・自分の気持ちや要求を言葉で伝えることができる
・嫌なことは嫌と相手に伝えられる
・（理由を述べて）断ることができる
・自分があそびたいイメージを相手に伝えることができる
・自分の意見を相手に伝えることができる
・友だちとけんかしたことを保育者に言葉で伝えることができる
・目の前にないものを思い浮かべて、表現できる

3 気持ちを調整できる

・気持ちの切り替えや感情のコントロールができる
・一斉活動のときに落ち着いて座っていることができる
・思ったことをよく考えてから、適切なときに発言できる
・思い通りにならなくても、気持ちを落ち着かせることができる
・嫌な気持ちに気づいても、最後まで取り組むことができる
・あそびや活動に集中できる
・負けて悔しい気持ちに気づくことができるとともに、その気持ちを落ち着けることができる
・友だちが「一緒にやって」と頼んできたとき「いいよ」と言える
・仲のよい友だちがほかの子とあそんでいるのを見て悔しい思いをしても、その気持ちを調整することができる

4 人の話を聞くことができる

・相手と意見が合わなくても、互いに気持ちを伝え合える
・人の話の内容をよく聞きとることができる
・人の話を静かに聞ける

5　自分から仲間に加わることができる

・緊張しながらも、仲間に入ってあそぶことができる
・「入れて」と言ってあそびの仲間に入ることができる
・仲間の様子を見ながらあそびに入れてもらう交渉ができる
・友だちといる楽しさを感じたり、友だちが持っている物や、していることに興味をもち、同じことができる

6　ルールを守ってあそぶことができる

・遊具を「貸して」と言ったり、友だちが使い終えるまで待つことができる
・友だちに遊具などを貸すことができる
・「待ってて」と言われたときに待つことができる
・トラブルになっても、相手の意図や気持ちを聞き、自分も思いを伝えることができる
・あそびのルールを理解することができる
・あそびのルールを守ることができる
・ごっこあそびなどで、役になってその役割を果たすことができる
・あそびの中で状況が変わったり、相手が変わっても、同じ役割を続けることができる
・あそびの中で役割を交互に交代することができる
・負けそうになっても最後までやり遂げることができる
・遊具を交代で使うことが理解できる
・友だちを助けたり、大切にできる
・遊具を大切に使える

7　人の気持ちを考えて行動できる

- 相手の表情を読み取ることができる
- 相手の気持ちを察したり、理解することができる
- 相手が困っていることに気づける
- 自分と相手との思いの違いに気づける
- 相手の表現や表情の変化に対応できる
- 自分とは違う意見を理解することができる
- 相手の行動の意図が理解できる
- 相手のことを思いやって行動できる
- 友だちをあそびに誘うことができる
- 友だちが「一緒にやって」と頼んできたとき「いいよ」と言える
- 友だちを傷つけてはいけないことがわかる
- 友だちの嫌がるようなことをしない

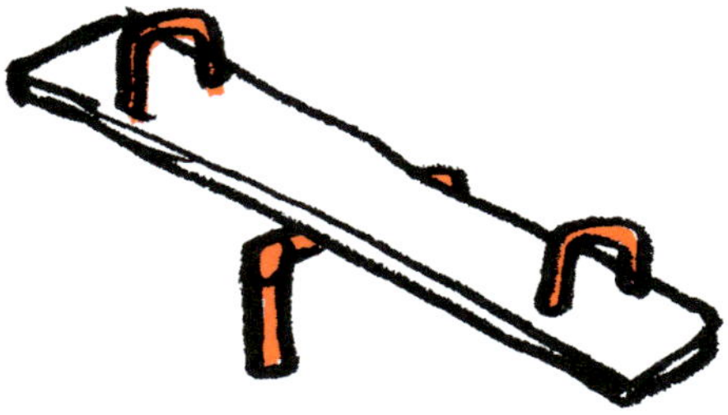

8　他者と会話ができる

- 自分が話したいことと相手の内容を合わせて、言葉のやりとりができる
- 友だちとおもちゃなどの貸し借りができる
- 自分が伝えたい相手に向かって話しかけることができる
- 電話ごっこなどで、二人で交互に会話してあそぶことができる
- 自分の意見を言うだけでなく、相手の意見も聞いて、話し合って問題を解決することができる
- 相手と意見が合わなくても、互いに気持ちを伝え合える
- 年下の子の世話をしたり、手伝いができる

9　他者と思いを共有できる

・保護者や保育者を心のよりどころにでき、一緒にいて安定する
・友だちといる楽しさを感じたり、友だちが持っている物や、していることに興味をもち、同じことができる
・同じところで反応し、同じところがわかりあえたことをうれしいと感じられる
・グループごとの課題活動で、がんばったことを共感し合うことができる

10　生活のルールを守ることができる

・自分の持ち物をロッカーに入れることができる
・使った遊具などを元あった場所に片づけることができる
・状況が理解できる
・順番に並ぶことができる
・並んだ順番が先の人が優先であることがわかる
・順番を守ることができる
・人の話を静かに聞くことができる
・うそをつかない
・人の物をとってはいけないことがわかる
・危険な行動をしてはいけないことがわかる
・生活習慣を身につけることができる
・園でのルールや生活様式を身につけることができる
・一日の活動の見通しをもてる

3

「あそび」で子どもの人間関係力が育つ

子どもの人間関係力を育てるために保育者ができること

人間関係力を身につけるには、幼児期から小学校低学年までの人間関係がとても大事です。

仲よしの友だちがいて、その友だちとうまくあそべていれば、その子の人間関係は大丈夫、と思っていませんか？　それだけでは十分な人間関係力は育ちません。

そして、人間関係力を身につけるには、幼児期がとても大切。保育者は、この意識をしっかりもってください。

その上で、人間関係にはいろいろな場面があることを、もっと認識する必要があります。

保育者は自分の姿を通して人間関係のスキルを示すとともに、子どもたちがさまざまな人間関係であそべる機会を用意しなくてはなりません。

幼稚園や保育園には、たくさんの子どもがいて、いろいろなあそびをしています。その中で楽しくあそぼうと思えば、当然さまざまな人間関係力が必要ですね。

たとえば、ほかの子があそんでいる中に入れてほしい、一緒にあそびたいというとき。この場合、「入れて」と言って「仲間入り」させてもらうということを保育者は子どもに教えます。でも実際はそう単純ではなくて、「入れて」と言っても「仲間入り」できるとは限りません。入れたくないと思う子がいたり、そのあそびに人数制限があって入れなかったりなんてこともあります。そんなときは、状況に応じた微妙なやりとりが必要になってきて、その都度、保育者が間に立って調整することになります。子どもはその保育者の姿から、交渉の必要性に気づいていくわけです。

このように保育者の姿それ自体が、子どもが人間関係のスキルを身につける一つのツールになります。そしてさらに保育者は、子どもたちがさまざまな人間関係であそべる機会を用意しなくてはなりません。というのも、子どもたちはあそびながら人間関係力を身につけていくからです。

子どもたちは、友だちと仲よくあそぶためにおもちゃを分け合ったり、自分の欲求を我慢したり、少し大きな集団では、規模や年齢に応じてルールを工夫したり、衝突がおきたときにはどう仲直りするか考えたりと、実にさまざまな経験をしながら人間関係力をつけていくのです。

人間関係力を育てるためのあそびを活動に取り入れるという方法があります。

幼児期に人間関係力を育てるための手立てとして、人間関係を形式から身につけるためのあそびを活動に取り入れるという方法があります。これが本書で提案する“スキルあそび”です。

普段の生活の指導やあそびだけでも、人間関係力を身につけられる子どももいます。しかし、現実には、人間関係の幅がかなり狭い子どもたちが増えており、人間関係の形式を習得することを目的にした活動を取り入れていかないと、指導しきれないでしょう。かといって、それが単なる指導になってしまっては、あまり身につきません。

ですから、この本を通して提案したいのは、子どもにとって楽しさが保てるようなあそびを通して、人間関係の形式を覚えようということです。

もちろん、“スキルあそび”だけでは人間関係力はつきません。日ごろのあそびや生活につなげていくことが必要です。

「スキルあそびは
技術や形式を通して
人間関係力を身につけていこう
という考え方です。」

多くの幼児教育・保育は、やりたい気持ち（心）を育てようというところから入ってスキルを育てていくわけですが、スキルあそびは技術や形式から入っていこうという考え方です。

具体的な事例をあげると、「絵の具でザリガニの絵を描く」という活動をするとき、一般的にはまずザリガニを見せて「かっこいい！」とか「すごいね」などとザリガニへ興味が向くような導入をして、そこから絵に描きたいという気持ちにつなげていきます。

一方、絵の具の使い方や、きれいな赤い色の出し方を身につけるところから始めて、赤を使えるザリガニの絵を描くことにつなげてもいいわけです。これが、技術や形式から入る方法です。

絵の具が使えなければ、絵の具でザリガニを描きたくても描けませんし、ザリガニを描きたいと思わなければ、やはりザリガニは描けません。ですから、どちらも必要で、どちらが先でも後でも、両方を結びつけることは大事なんですね。これは人間関係においても同じです。日ごろのあそびや生活とスキルあそびを結びつけることで子どもたちは人間関係を築く力を身につけていくのです。

（無藤　隆）

第2章

人間関係力をつける スキルあそび45

いつものあそびを“スキルあそび”に

“あそびで、子どもの人間関係力が育つ”
この考えをベースに、定番のあそびを
“スキルあそび”にアレンジしました。
毎日の生活につなげるためのアドバイスも掲載！

本書の活用の仕方

第２章は、子どもたちが楽しみながら対人関係スキルを身につけられるようなあそびを紹介します。各コーナーのポイントをご確認ください。

身につくスキル・ねらい

10に分類したスキルを表示し、その具体的なねらいを表記しました。保育の活動プランにおける“ねらい”の参考としてもご活用ください。

身につくスキル

人の話を聞くことができる

「ウソ？ ホント？」ゲーム

ねらい
・人の話の内容をよく聞きとることができる。
・あそびの中で役割を交互に交代することができる

さしている物と言葉にした物の名前が一致するかを判断して「ウソ」か「ホント」かを声に出して言うあそびです。話を集中して聞き、判断する練習になります。

基本のあそび　物の名前を聞いて、「ウソ」か「ホント」で答えよう

保育者は、「これは私の耳です」と言いながら、耳またはそれ以外の場所をさわります。保育者が耳をさわったら「ホント」、鼻や目など、耳以外の場所をさわったら「ウソ」と、子どもたちは声に出して言います。

あそびに慣れたら、子ども同士２人で向かい合い、出題者と回答者の役割を交代しながらあそびましょう。

これは私の耳です
これは私の目です
ホント
ウソ
口です
ウソ

50

あそびの概略と、このあそびを通して子どものどのような面が育つかをまとめました。

基本のあそび

スキルの習得につながるあそびのアイデアです。定番のあそびに少し手を加えたり、簡単に取り入れられるスキルあそびを紹介しました。

あそび方をわかりやすくするために参考場面をイラストにしました。保育者のフキダシの台詞は、言葉がけのヒントにご活用ください。

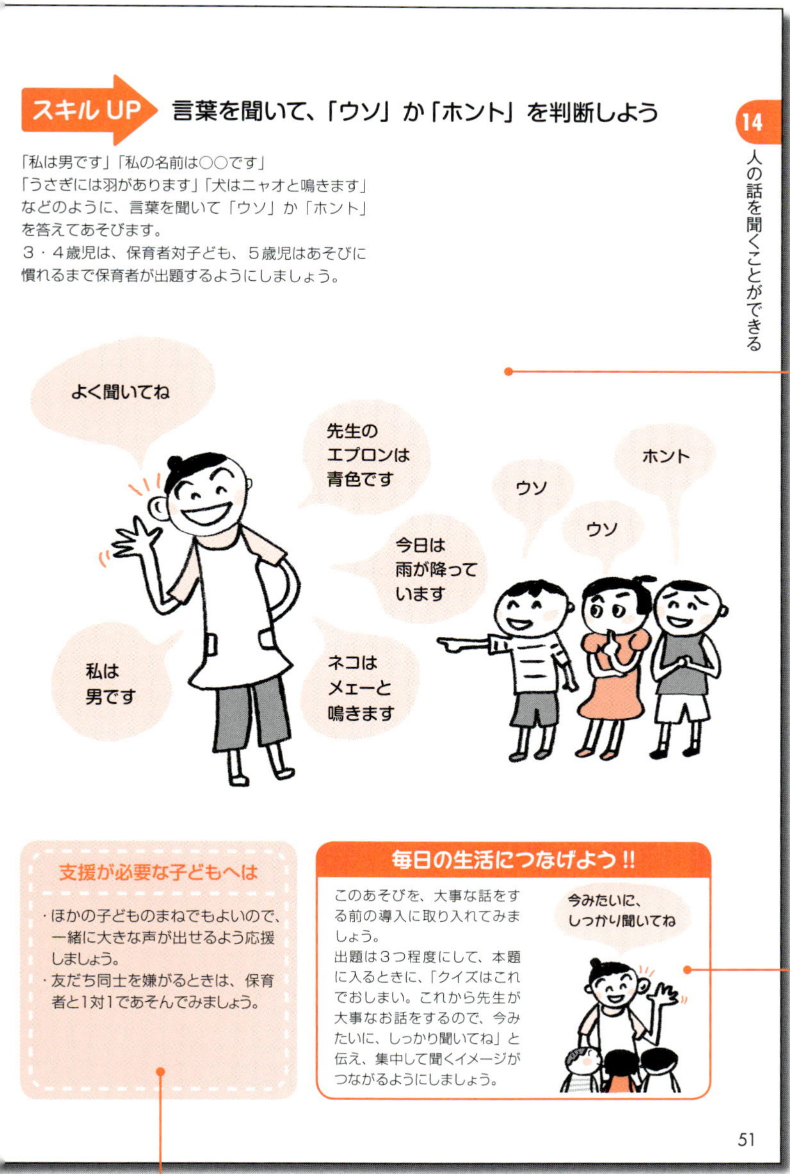

スキル UP 言葉を聞いて、「ウソ」か「ホント」を判断しよう

14 人の話を聞くことができる

「私は男です」「私の名前は○○です」
「うさぎには羽があります」「犬はニャオと鳴きます」
などのように、言葉を聞いて「ウソ」か「ホント」
を答えてあそびます。
3・4歳児は、保育者対子ども、5歳児はあそびに
慣れるまで保育者が出題するようにしましょう。

よく聞いてね
先生のエプロンは青色です
今日は雨が降っています
私は男です
ネコはメェーと鳴きます
ウソ
ウソ
ホント

支援が必要な子どもへは

- ほかの子どものまねでもよいので、一緒に大きな声が出せるよう応援しましょう。
- 友だち同士を嫌がるときは、保育者と1対1であそんでみましょう。

毎日の生活につなげよう !!

このあそびを、大事な話をする前の導入に取り入れてみましょう。
出題は3つ程度にして、本題に入るときに、「クイズはこれでおしまい。これから先生が大事なお話をするので、今みたいに、しっかり聞いてね」と伝え、集中して聞くイメージがつながるようにしましょう。

今みたいに、しっかり聞いてね

51

スキル UP

基本のあそびをベースに、さらにスキルの習得をプラスするあそびのアイデアです。基本のあそびに慣れてから取り入れてください。

毎日の生活につなげよう!!

スキルあそびを毎日の活動にどうつなげたらよいか、そのヒントを紹介しました。対人関係スキルの習得には、あそびと毎日の生活の連携が必要です。

支援が必要な子どもへは

集団のあそびに参加するのが苦手な子どもへの対応アドバイスです。

身につくスキル

あいさつや
自己紹介が
できる

握手でごあいさつ

ねらい ・あいさつができる。

あいさつの言葉を意識しながらあそびます。
「こんにちは」の部分を「おはよう」や「こんばんは」にかえてあそびましょう。
場面に応じたあいさつの言葉が身につきます。

基本のあそび 「握手でこんにちは」であいさつしよう

●「握手でこんにちは」の曲に親しもう

曲と仲よくなるくらい聞いたりうたったりして、曲になじんだら、
「お友だちと会ったら何てごあいさつするんだっけ？」
「お別れするときは？」

●「握手でこんにちは」の曲に合わせて動こう

曲に合わせて動き、友だちの目を見て、
あいさつや握手をします。
しっかりあいさつすることを伝えましょう。

（歩く）

（握手をして、おじぎをする）

（互いの肩をたたく）

（手を口のように
モニャモニャさせる）

（握手をして、おじぎをする）　（手を振りながら離れる）

スキルUP 「朝」「昼」「夜」であいさつをかえよう

●あいさつの言葉を確かめよう
うたい始めに、保育者が「朝は何てごあいさつするんだっけ？」「夜は？」と時間帯によって、あいさつの言葉が違うことを確認します。

●あいさつの言葉をかえてうたおう
うたう前に保育者が「朝」と言ったら、「こんにちは」のところを「おはよう」に、「昼」と言ったら「こんにちは」のままで、「夜」と言ったら「こんばんは」にかえましょう。

おはよう

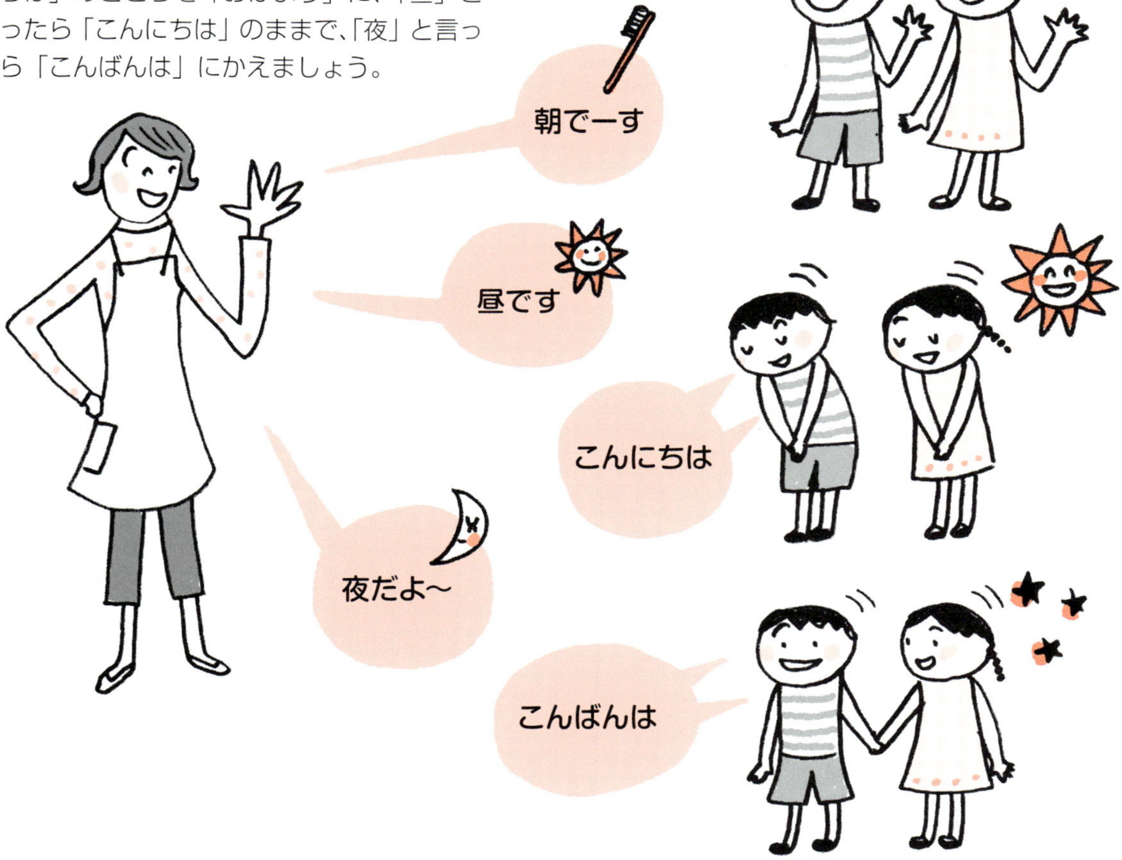
朝でーす
昼です
こんにちは
夜だよ〜
こんばんは

支援が必要な子どもへは

- 握手をするのが苦手な子もいます。あそびの中で強要せず、普段からあいさつのときに握手をするなど、慣れておくとよいでしょう。
- 握手をする相手を自分で見つけるのがむずかしいときは、「今度は○○ちゃんのところにいこうか」などと誘導していきましょう。

毎日の生活につなげよう!!

朝の会などで、「さあ、朝のごあいさつをしましょう」と言った後で
「あれ？ 朝のごあいさつは何て言うんだっけ？」と確認する機会をもちましょう。

朝のあいさつは
何て言うんだけ？
おはよう
だよ

身につくスキル

あいさつや自己紹介ができる

おはよう「ドンジャンケン」

ねらい
・あいさつができる。
・あそびのルールを理解することができる。

「ドンジャンケン」のあそびに、出会ったところで「おはよう」と言ってから
ジャンケンする、というルールを加えます。
あそびを通して、元気よく大きな声であいさつをする習慣が身につきます。

基本のあそび 「おはよう」とあいさつして、ジャンケンしよう

２チームに分かれてコースの両側に並び、
合図で一人ずつコースを走ります。
出会ったところでお互いに「おはよう」
とあいさつしてからジャンケン。

勝った子はそのまま進み、負けた子は、
列の後ろに戻ります。
あいさつの言葉を「こんにちは」や
「こんばんは」にかえてあそびましょう。

スキルUP 相手に合わせてあいさつをかえてみよう

保育者と出会ったら「おはようございます」、友だちと出会ったら「おはよう」と、相手に合わせて言葉をかえてみましょう。
コースの形をいろいろに変えて、くり返しあそびましょう。

おはよう
ございます
おはよう
ございます

支援が必要な子どもへは

・ルールを理解するのは、むずかしいかもしれません。保育者がそばについて、「はじめにあいさつをしよう」「ジャンケンに勝ったから進もうね」「ジャンケンに負けてしまったから戻ろうね」などと、ていねいに知らせていくことが必要でしょう。

毎日の生活につなげよう!!

登園時のあいさつでは、保育者は子どもに「おはよう」、保護者には「おはようございます」とはっきり使い分ける姿を見せましょう。
子どもが保育者に「おはよう」と言っても否定はしないで、まずはきちんとあいさつできたことを認めましょう。

おはよう
ございます
おはよう

身につくスキル

あいさつや自己紹介ができる

「フルーツバスケット」で自己紹介

ねらい
・自己紹介ができる。
・自分の言いたいことが伝えられる。

「フルーツバスケット」のあそびに、自己紹介の要素を盛り込みます。
みんなの前で自分の名前や自分について話す経験をすることで、
自己紹介に慣れていきます。

基本のあそび　「フルーツバスケット」のあそびを広げよう

●最初は「フルーツバスケット」であそぼう

参加人数より１つ少ない椅子を円形に並べ、「フルーツバスケット」をくり返しあそびます。

●自己紹介につながる言葉をキーワードにしよう

「名前の頭に“ま”がつくひと」
「お兄ちゃんがいるひと」
などのように、自己紹介につながるようなキーワードを言って、それに当たる子が椅子を移動します。
「○○組」と言ったときは、全員が移動しなくてはなりません。
最初は保育者がオニになって、始めましょう。

●キーワードの例●
「○月生まれのひと」
「○○（食べ物など）が好きなひと」
「おうちで犬（猫・鳥など）を飼っているひと」
「○色の洋服を着ているひと」
「きょうだいが○人のひと」
「妹（弟・兄・姉）がいるひと」　など

スキルUP　オニになったら真ん中で自己紹介をしよう

オニは、次のキーワードを言う前に、自己紹介をするというルールを加えます。
「○○○○です。○月生まれです」などのように、自分の名前と、オニになったときのキーワードを言いましょう。

支援が必要な子どもへは

- 一人でオニになることに負担を感じる子もいます。オニが複数になるように減らすイスの数を調整するのもよいでしょう。
- オニになりたくて座ろうとしない子もいます。ときどきは認めてあげましょう。

毎日の生活につなげよう!!

朝の会などで、当番が前に出るような機会をつかって、短く自己紹介をしてもらいましょう。最初は名前と誕生月を、一巡したら次は名前と好きな食べ物など、項目を変えたり増やしたりしてみましょう。

身につくスキル

あいさつや自己紹介ができる

「ありがとう」でボール渡し

ねらい
- 言葉や表情、身振りで「ありがとう」を伝えることができる。
- あそびのルールを理解することができる。

ボールなどを順に送っていくリレーゲームに、「はい、どうぞ」「ありがとう」のフレーズを加えます。物を渡す、受け取るときのやりとりを身につけます。

基本のあそび 「はい、どうぞ」「ありがとう」と言いながらボールを渡そう

●1列に並び、順番にボールを渡そう

グループごとに1列に並び、先頭の人がボールを持ちます。
保育者の「スタート」の合図で、先頭の人から順番にボールを渡していきます。
渡すときは後ろをきちんと振り向き、向き合ってから「はい、どうぞ」と渡します。
受け取ったほうも、正面を向いたまま「ありがとう」と言ってから、後ろを向いて次の人に渡します。
最後の人が「ありがとう」と受け取ったらゴール。
最初は競争ではなく、きちんと向き合ってあいさつすることを大事にしましょう。

●名前を言うことをルールに加えよう

慣れたら、「○○さん、はいどうぞ」「○○さん、ありがとう」と名前を言って渡していきます。
ボールをぬいぐるみや絵本などにかえても楽しいです。

スキル UP あいさつだけでリレーしよう

ボールは使いません。
「おはよう」「こんにちは」「こんばんは」のどのあいさつをしてもよいことにします。ただし、前の人が「おはよう」と言ったら必ず「おはよう」でこたえるのがルール。
順番にあいさつをつないでいきます。
あいさつは、向き合っておじぎをすることを約束しましょう。

おはよう
おはよう
こんにちは
こんにちは
こんばんは
こんばんは
おはよう
ドキドキ
わくわく

支援が必要な子どもへは

- 誰からボールをもらって、誰に渡すのか、保育者がそばについて、ていねいに知らせていきましょう。
- 「○○さん、はいどうぞ」「○○さん、ありがとう」と、相手の名前を言う楽しさを伝えていきましょう。

毎日の生活につなげよう!!

日ごろから保育者自身が明るくはっきりとあいさつをして、手本になりましょう。あいさつをすると保育者がうれしそうな表情でこたえてくれる、そんな経験をくり返すことが大事です。

○○ちゃん
ありがとう
先生
どうぞ

身につくスキル

気持ちを表したり、言葉で伝えられる

「手をたたきましょう」で百面相

ねらい

・自分の気持ちを表情に出すことができる。
・相手の表情を読み取ることができる。

あそびの中で、気持ちを表情に出す経験をすることで、
実際にも気持ちを表情で伝えられたり、
反対に友だちの表情から気持ちに気づけるようになります。

基本のあそび　気持ちを顔で表現してみよう

●いろいろな気持ちを顔で表そう

「おもしろいときの顔をしてみよう」「悲しいときはどんな顔？」「怒ったときは？」と、気持ちと表情を結びつけられるような声をかけて、それぞれが自由に顔で表現してみます。

●うたいながら、気持ちを顔と体で表現しよう

気持ちと表情がつながったところで、「じゃあ、歌に合わせて、泣いたり笑ったり怒ったりするよ。今の顔を思い出して、やってみようね」と伝えて、「手をたたきましょう」の歌に合わせて表現してみましょう。

スキル UP　いろいろな表情をしてみよう

「おいしいものを食べたときの顔はどんな顔？」など、笑う、泣く、怒る以外のいろいろな気持ちを表現してみます。
「手をたたきましょう」の歌の歌詞をかえ、歌に合わせて表現してみましょう。

♪おいしい
お顔は
こんな
顔

♪ころんで
痛いは
こんな
顔
♪びっくり
したとき
こんな
顔

♪困った
お顔は
こんな…

支援が必要な子どもへは

・表情をつくるのが苦手な子もいます。いろいろな表情の絵カードを作り、その顔をまねしてみるところからあそびを始めるとわかりやすいでしょう。

毎日の生活につなげよう !!

子どもの表情の変化に気づいたとき、「悲しくなっちゃったね」「痛かったね」などと、気持ちを言葉にして伝えて、気持ちと言葉がつながるようにしていきましょう。

痛かったね

身につくスキル

気持ちを
表したり、言葉で
伝えられる

いろいろにらめっこ

ねらい
・自分の気持ちを表情に出すことができる。
・相手の表情を読み取ることができる。

「にらめっこ」でいろいろな表情をしたり、たくさん笑うことで
しぜんに表情を出せるようになります。

基本のあそび　おもしろがってたくさん笑おう

●みんなで一緒ににらめっこをしよう
「だるまさん」の歌をうたいながら
にらめっこあそびをします。
「みんなの顔を見てたら、がまんできなくて笑っちゃった」
と、保育者が真っ先に笑ってみせます。
ほかにも笑いだす子がいたら、
「おもしろいと笑っちゃうよね」と共感をしましょう。
最後に、笑わなかった子を確認し、
「よくがまんしたねー」
「おもしろいのをがまんするのって大変だよね」
と認める言葉がけを。

●笑いっこをしよう
「がまんして笑えなかったお友だちもいるから、
今度は、笑うと勝ちのにらめっこをするよ」
と話して、たくさん笑い合いましょう。
元気にたくさん笑った子の勝ち。

♪にらめっこしましょ　わらうと　かちよ
　わっはっは

スキルUP　いろいろな表情でにらめっこをしよう

「おもしろいと笑うよね。じゃあ、悲しいとどう？」などと子どもたちに聞いて、どんな表情があるかを出し合ってみましょう。
そこから、「おこりんぼにらめっこ」や「なきむしにらめっこ」をしてみることを提案します。
ルールは、いつもの「にらめっこ」と同じ「笑うと負け」。怒ったり、泣いたり、笑ったりと、いろいろな表情をすることを楽しみましょう。

支援が必要な子どもへは

・子どもの顔にさわってあげて、笑っている顔なら「○○ちゃんの笑っているお顔、すてき」。怒っている顔なら「○○ちゃんが怒っている顔、なんてこわい顔でしょう」などと、表情がどのような意味をもっているか意識づけていきましょう。

毎日の生活につなげよう!!

「いろいろにらめっこ」でいろいろな表情をします。気持ちを表情に出すことで思いが伝わること、表に出さないとわかってもらえないことも伝えていきましょう。

身につくスキル

気持ちを表したり、言葉で伝えられる

「いやいや」なあに？

ねらい

- 自分の気持ちや要求を言葉で伝えることができる。
- 嫌なことは嫌と相手に伝えられる。
- 目の前にないものを思い浮かべて、表現できる。
- 自分の意見を相手に伝えることができる。

友だち同士のかかわりに関する絵を見て、自分が嫌だと思う場面が出たら「いや」と声に出します。「いや」と言う練習になるとともに、みんながどんなことを嫌だと感じるか、気づくきっかけにもなります。

基本のあそび　「いや」と声に出してみよう

●何をしているところか話してみよう

最初に１枚ずつ絵を見ながら、何をしているところか、その場面ではどんな気持ちがするかについて、話し合います。

●絵を見て、嫌な場面のときは「いや」と言おう

絵を１枚ずつ見せて、自分がされて嫌な思いがする場面が出たら、大きな声で「いや」と言います。嫌ではないときには、「まる」と言いながら手で丸を作ります。

フラッシュカードの要領で次から次へと絵をかえたり、「次は何かなー」ともったいぶったりすると、ゲーム感覚で盛り上がります。

お友だちに
こんなこと
されたらどう？

いや
いやっ
いや

〈用意〉

園生活における友だち同士のかかわりの場面を紙芝居大の絵にしておく。

（型紙　p.118 ー p.121）

スキルUP 楽しいときと嫌なときを絵にして発表しよう

何をしているときに楽しいか、どんなときに嫌な思いがするかを、それぞれ絵にかいて発表してみます。
子どもが描いた絵を、基本のあそびに活用してもいいですね。

どんなときが楽しかったかな？

お誕生日でケーキを食べたのが楽しかった

まる～
まる！

支援が必要な子どもへは

- 想像力を働かせるのが苦手な子もいます。絵を見て自分で判断するのはむずかしいので、ほかの子と一緒に「いや」と声を出すことを楽しめればよいでしょう。
- 「いや」と言えたら、「そうだね。いやだね」などと共感の言葉をかけていきましょう。

毎日の生活につなげよう!!

子どもが「おもちゃをとられた」「たたかれた」などと保育者に言いにきたときは、どんな気持ちがしたのか、気持ちを声に出して伝えたかを確認しましょう。
言葉がなかなか出ない子には、まず保育者が気持ちを代弁し、少しずつ自分で言えるようにしていきましょう。

一緒に「返して」って言いにいこうね
うん

身につくスキル

気持ちを表したり、言葉で伝えられる

連想ゲーム「これなあに?」

ねらい

・自分の言いたいことが伝えられる。
・自分の気持ちや要求を言葉で伝えることができる。
・わからないときに友だちや先生に尋ねることができる。

色や形などのヒントをもとに、答えを導き出すゲームです。
出題者がヒントを出し、回答者は質問するやりとりを通して、
言葉で伝え合う経験をします。

基本のあそび　3つのヒントで当てよう

●何を隠したか
ヒントを3つ出そう

出題者は1人。残りの子どもたちが回答者になります。
出題者は絵カードの中から1つ選んで箱に隠し、何を隠したか、ヒントを3つ出します。
最初は保育者が出題者になって、ヒントの出し方を伝えましょう。

●ヒントを聞いて、
何が隠れているか当てよう

何もないところから答えを導くのは難しいので、隠す物をリストにして貼っておき、その中から答えを探せるようにしましょう。

●わからないときは、
回答者から質問しよう

3つのヒントで答えられなかったときは、回答者が「それは丸い形ですか?」「木になっていますか?」などのように質問を出します。

これは、果物です
色は、外が赤です
きのうの給食で食べました
?
いちご
パン
ゴジラ!
え?

スキルUP 「私の好きな○○」をクイズにしよう

出題者は１人、その子以外の子全員が回答者です。絵カードは使わず、「好きな食べもの」「好きな動物」「好きなあそび」などのテーマから出題します。
あそびに慣れてきたら、1対1やグループ単位であそんでもいいでしょう。

色は白です

ケンケンパー?
ジャンプする
あそびです
ねずみ！
いぬかなぁ
それは何て
なきますか?
ねこ
何を
食べますか?
わかった、
うさぎ！

支援が必要な子どもへは

・クイズが好きな子なら、十分に楽しめるあそびです。「くだものなんだって!」「え～?　赤?　赤のくだものって、なんだろう?」などと、その子の気持ちがクイズに向くような言葉がけをしましょう。

毎日の生活につなげよう!!

帰りの会などで、「今日、いちばん楽しかったあそび」などを発表するような機会をもちましょう。１日数人ずつ発表するようにし、一巡したら、次は連想ゲーム形式で発表するなど、いろいろな表現の仕方を経験していきましょう。

いちばん
楽しかった
のは…

身につくスキル

気持ちを表したり、言葉で伝えられる

いつ、どこで、だれが、なにをした？

ねらい
- 自分の言いたいことが伝えられる。
- 自分の気持ちや要求を言葉で伝えることができる。
- 目の前にないものを思い浮かべて、表現できる。

「いつ、どこで、だれが、なにをした」という表現の仕方を知り、
話を伝える練習をします。
言葉で表現するおもしろさを感じられるあそびです。

基本のあそび　4つの言葉をつないで文にしよう

〈用意〉
- 時間帯や場所などの絵カード（はがき大）を用意し、それぞれ箱に入れておく。
- 「いつ」「どこで」「だれが」「なにをした」の文字を書いておく。

●順番に絵カードを引いていこう

それぞれの箱から、1人1枚ずつカードを引きます。

●4つの絵カードをつないで文章にしよう

「いつ」「どこで」「だれが」「なにをした」の文字の下に絵カードを貼っていき、順番に声に出して言いながら、文章にしてみましょう。

意味がおかしな文章になったりすると大盛り上がりです。

スキルUP　6つの言葉をつないで文にしよう

「だれと」「どう思った」を加え、6人ずつで1つの文をつくります。
自分の引いたカードを順番に声に出して言っていきます。全部の言葉が出たら、最初から、つないで言ってみましょう。

支援が必要な子どもへは

・文章をつくるというあそびのおもしろさを感じるのは、むずかしいかもしれません。絵カードを引くということ自体を楽しませてあげましょう。

毎日の生活につなげよう!!

週明けや長期休暇明けなど、休みの思い出を発表し合うときには、「いつ、どこで…」にそって話すようにしてみましょう。「いつ、どこで…」をポスターにして貼っておくと、意識して話すことができるようになります。

身につくスキル
気持ちを調整できる

ピシッと座りっこゲーム

ねらい
- 気持ちの切り替えや感情のコントロールができる。
- 一斉活動のときに落ち着いて座っていることができる。
- あそびや活動に集中できる。

「音楽が鳴っている間はリズムに合わせて楽しく動く」
「音楽が止まったら座って静かにする」の２つの約束をしてあそびます。
動と静を切り替える練習になります。

基本のあそび　音楽が止まったらピシッと座ろう

●音楽に合わせて楽しく動こう
音楽が鳴っている間は、自由に楽しく動きまわります。

●音楽が止まったら、その場ですぐに「ピシッ」と座ろう
座ったら、できるだけ動かずに固まります。保育者は「誰か動いてないかなー」と見まわしましょう。全員「ピシッ」と座れたら、また音楽をかけます。
座っている間に、おしゃべりしたり立ち上がったりした子は“ドボンコーナー”に座って、１回お休みです。

スキルUP “約束”に従ってピシッと座ろう

「ひざを抱えて座る」とか「ピアノの先生のほうに向かって座る」、急いで移動して「グループごとに1列に座る」などの約束を加えます。
座る姿勢にも意識を向けましょう。

支援が必要な子どもへは

- 保育者がそばについて、「音楽、止まるかな？ 聞いててよ」「止まった。さあ座ろう」などと知らせていきましょう。
- 上手にできたら、「すごい。できたね」と評価してください。

毎日の生活につなげよう!!

集会などで着席が必要な場面でも、「音楽が鳴り終わるまでに椅子に座るよ。できるかなー？」「座っている間は、お口はチャックでピシッと座るんだよね」と話し、あそびでの経験を思い浮かべながら、きちんと座ることが意識できるようにしましょう。

身につくスキル

気持ちを調整できる

みんなでジャンケン

ねらい
・嫌な気持ちに気づいても、最後まで取り組むことができる。
・負けて悔しい気持ちに気づくことができるとともに、その気持ちを落ち着けることができる。

保育者対子どもたち全員でジャンケンをしてあそびます。
負けて悔しい思いに気づきながらも、残っている友だちを応援します。
子どもの「次は勝つぞ！」という気持ちを盛り上げてあそびをつないでいきましょう。

基本のあそび　先生対みんなでジャンケンしよう

●全員円の中に入り、先生とジャンケンしよう

大きな円を描いて枠をつくり、子どもたちは全員その円の中に入ります。
保育者が前に立ち、子どもたち全員を相手にジャンケン。

●負けたら円から出て応援団になろう

負けた子は円の外に出て、勝っている子の応援をします。あいこの子はそのまま残ります。

保育者は、「残っているお友だちをしっかり応援してね」と伝えます。
くやしがっている子には、次のチャレンジがあることも伝えましょう。
負けた子が飽きないよう、最後に5，6人残ったところで、全員をチャンピオンにしてもよいでしょう。

いくよー、ジャンケンポン

負けちゃった
ガンバレー

“ジャンケンチャンピオン”のメダルを作って、チャンピオンになった子どもがもらえるようにしてもいいですね。
また、負けてもしっかり応援できたことをほめる言葉かけをしましょう。

スキルUP 近くの友だちと1対1でジャンケンしよう

音楽に合わせて自由に動きながら、音楽が止まったら、近くの友だちとジャンケンをします。
負けた子は友だちの後ろにつき、肩に手をのせて一緒に動きます。
最後に2つのグループになったら、3回早く勝ったほうが勝ちです。
ジャンケンのとき、後ろの友だちは、先頭でジャンケンする子を応援します。

支援が必要な子どもへは

- あそびが長くなると飽きてしまうので、その子の様子を見て、数人になったところで終わるようにします。
- 肩に手をのせたり、のせられたりを嫌がる子もいます。前後の子に了解を得て、洋服のすそをつかんでもいいことにしましょう。

毎日の生活につなげよう!!

希望者が多く、保育者が決めると不公平感が出る場合、ジャンケンで決めるという場面があります。あそびを通して、負けたら潔くあきらめ、勝った友だちを応援する経験を、生活の中にも活用していきましょう。

身につくスキル

気持ちを調整できる

先生が言いました

ねらい

- 一斉活動のときに落ち着いて座っていることができる。
- あそびや活動に集中できる。
- 人の話の内容をよく聞きとることができる。

言葉のはじめに「先生が言いました」と言ったときだけその指示に従うゲームです。指示をしっかり聞くとともに、きちんと座ったり、立ったりする練習につないでいきます。

基本のあそび　先生の言葉をよく聞いて動こう

保育者が「先生が言いました。立ってください」と言ったら、子どもたちはその場で立ちます。
はじめに「先生が言いました」と言わずに、ただ「立ってください」と言ったときは、その指示には従いません。
ゲームに慣れるまでは、手をあげる・さげる、立つ・座るなど、基本的な動作でくり返しあそびましょう。

まちがった子どもには、「今度はよーく聞いてね」と言葉をかけ、継続して参加できるようにします。
あそびに慣れたら、子どもが出題者になりましょう。

先生が
言いました
座って
ください

今度はよーく
聞いてね

スキルUP 姿勢に気をつけて、立ったり座ったりしてみよう

ゲームに慣れたら、手のあげ方や立ち方、座ったときの姿勢などにも意識を向けていきます。
「背中をぴんとのばして座ってください」のように、具体的に伝えるようにしましょう。

先生が言いました。背中をぴんとのばして座ってください

「○○くんの立ち方、かっこいいね」
「○○ちゃんの姿勢、きれいだね」
「○○ちゃん、しっかり手をあげられたね」
などと認める言葉をかけていくと、子どものやる気がアップします。

○○くん、姿勢いいよ
かっこよく座れたね
○○ちゃん、まっすぐ手があげられたね

支援が必要な子どもへは

- 保育者がそばについて、みんなと同じように行動できるよう見守ってあげましょう。
- みんなと同じようにできたら、「できたね。すごいね」とほめて自信をもたせましょう。

毎日の生活につなげよう!!

あそびの経験が十分にできたら、普段の活動の中で、「先生が言いました。お口をとじてください」「先生が言いました。静かに座りましょう」などのように、あそびのセリフを取り入れてみましょう。

先生が言いました

身につくスキル

気持ちを調整できる

♪はないちもんめ

ねらい

・気持ちの切り替えや感情のコントロールができる。
・負けて悔しい気持ちに気づくことができるとともに、その気持ちを落ち着けることができる。

ジャンケンで友だちが相手チームに行って悔しい思いをしたり、
勝って友だちが増えてうれしい思いをしたりと、
歌詞を通して素直に気持ちを表現できる伝承あそびです。

基本のあそび 「はないちもんめ」であそぼう

●2チームで向かい合おう

最初にそれぞれの代表者1名が前に出てきてジャンケンします。
保育者も中に入り、みんなが参加できるように調整します。

●「はないちもんめ」をうたって動こう

みんなでうたいながら前進したり、後退したりして動きます。
勝ったチームが得意になって意気揚々と前進し、最後の「はないちもんめ」の「め」で片足を蹴る動作。
負けたチームは後退。

スキルUP 勝った喜びと負けた悔しさを表現しながらあそぼう

「♪○○ちゃんがほしい」のところでそれぞれ相手の子の名前を呼んでジャンケン。
ジャンケンに勝ったら
「わーい！　わーい！」と大喜び。
負けたら、「くやしい〜！」と足を床に打ちつけたりして悔しさを表現します。
歌では、勝ったほうは元気にはつらつとうたい、負けたほうは悔しい気持ちを込めます。

１対１の「はないちもんめ」も楽しいです。

わーい、
勝った〜
くやしい〜

わらべ歌
ふ るさ と も と め て は な い ち も ん め　かっ て う れし い
○ ○さ ん も と め て は な い ち も ん め
は な い ち も ん め　ま け て く やし い は な い ち も ん め

※歌詞は地域によって異なります。

支援が必要な子どもへは

- 友だちと手をつなぐのを嫌がる子は、保育者と手をつなぐようにしましょう。
- 参加している喜びが味わえるよう、ほかの子に頼んで、その子の名前を呼んでもらうようにしましょう。

毎日の生活につなげよう!!

年長児になると、ゲームの勝敗を非常に意識するようになります。あそびの中で、負けても次のチャンスがあることを経験し、実際の活動でも次に向かう意欲につなげていきましょう。

次、
ガンバレ！
3

身につくスキル

人の話を聞くことができる

「ウソ？ ホント？」ゲーム

ねらい

・人の話の内容をよく聞きとることができる。
・あそびの中で役割を交互に交代することができる。

さしている物と言葉にした物の名前が一致するかを判断して
「ウソ」か「ホント」かを声に出して言うあそびです。
話を集中して聞き、判断する練習になります。

基本のあそび　物の名前を聞いて、「ウソ」か「ホント」で答えよう

保育者は、「これは私の耳です」と言いながら、
耳またはそれ以外の場所をさわります。
保育者が耳をさわったら「ホント」、
鼻や目など、耳以外の場所を
さわったら「ウソ」と、
子どもたちは声に出して
言います。

これは
私の耳です
これは
私の目です
ウソ

ホント

あそびに慣れたら、
子ども同士２人で
向かい合い、出題者と
回答者の役割を交代しながら
あそびましょう。

口です
ウソ

スキル UP 言葉を聞いて、「ウソ」か「ホント」を判断しよう

「私は男です」「私の名前は○○です」
「うさぎには羽があります」「犬はニャオと鳴きます」
などのように、言葉を聞いて「ウソ」か「ホント」を答えてあそびます。
３・４歳児は、保育者対子ども、５歳児はあそびに慣れるまで保育者が出題するようにしましょう。

よく聞いてね
先生のエプロンは青色です
今日は雨が降っています
私は男です
ネコはメェーと鳴きます
ウソ
ウソ
ホント

支援が必要な子どもへは

- ほかの子どものまねでもよいので、一緒に大きな声が出せるよう応援しましょう。
- 友だち同士を嫌がるときは、保育者と1対1であそんでみましょう。

毎日の生活につなげよう!!

このあそびを、大事な話をする前の導入に取り入れてみましょう。
出題は3つ程度にして、本題に入るときに、「クイズはこれでおしまい。これから先生が大事なお話をするので、今みたいに、しっかり聞いてね」と伝え、集中して聞くイメージがつながるようにしましょう。

今みたいに、しっかり聞いてね

身につくスキル

人の話を聞くことができる

♪おちたおちた なにがおちた？

ねらい
・人の話の内容をよく聞きとることができる。
・人の話を静かに聞ける。
・目の前にないものを思い浮かべて、表現できる。

「おちたおちた」に続く言葉に応じた動きをするあそび。
指示を出す声を小さくしたり、早口にしたりすることで、静かに集中して
話を聞く意識を高めることができます。

基本のあそび 「♪おちたおちた　なにがおちた」とうたってあそぼう

●保育者の言葉を聞いてポーズしよう

保育者が「♪おちたおちた」と言ったら、
子どもたちが「♪なにがおちた？」とこたえます。
保育者が「りんご！」と言ったら、
両手を前に出して受け止めるポーズ。
「ゲンコツ」と言ったら、両手で頭を抱え、
「カミナリ」と言ったら、両手でおへそを隠します。

●落ちてくる物を変えてあそぼう

子どもたちと、ほかにどんなものが落ちてくるか
出し合って、それに合ったポーズを考えてあそん
でみましょう。

スキルUP 歌詞を変えてあそぼう

「♪おちたおちた」を「♪なろうなろう」に変えて、いろいろなものの動きをしてみましょう。

●例●
♪おすもうさん
♪飛行機
♪ちょう
♪ゴリラ

園庭や公園などで、「♪行こう行こう♪どこへ行こう」とうたって、いろいろな場所へ移動してあそびましょう。

●例●
♪すべり台
♪砂場
♪○○先生のところ
♪柿の木の下
♪手を洗いに

ブランコに行こう
砂場に行こう
行こう行こう

支援が必要な子どもへは

・保育者自身が表現を楽しんでいる様子を示しましょう。
・かみなりがおちたらおへそを隠すのがなぜか、ということがわからない子には、「かみなりにおへそとられちゃうよ」といった行動の意味を、あそびながら伝えてください。

毎日の生活につなげよう!!

部屋から園庭やホールへ移動するときなどに取り入れると、移動先や集合場所を集中して聞くきっかけになります。ただし、移動の際の約束事を、しっかり確認してからおこないましょう。

行こう行こう
どこへ行こう

身につくスキル
人の話を聞くことができる

おしごと伝言ゲーム

ねらい
・人の話の内容をよく聞きとることができる。
・自分の言いたいことが伝えられる。

伝言ゲームで、保育者の指示を伝えていきます。
人の話を聞いて内容を理解する練習をします。

基本のあそび　先生の話を伝えよう

●先頭の子にだけ指示を伝えよう
グループごとに１列に並びます。
保育者は、先頭の子を集め、「雑巾を持ってきてください」「先生のところに来てください」などと、何らかの指示を伝えます。

●先頭の子から順番に指示を伝えていこう
先頭の子は、グループの次の子に保育者の指示を伝えます。言葉を一字一句同じに伝える必要はなく、内容がきちんと伝わればOK。

●最後の子は、指示のように動こう
最後の子は指示されたことを実行します。

並び順をかえながら、くり返しあそんでみましょう。

スキルUP 伝える人数を増やしたり、指示の内容を複雑にしよう

２つのグループを一緒にしたり、１列に10人ずつ並んだりして、伝える人数を増やしていきましょう。輪になって、クラス全員で伝えていっても、盛り上がります。

●指示の例●
「赤いボールを１個持ってきてください」
「クレヨンと粘土を持ってきてください」

支援が必要な子どもへは

・友だちから聞いたことを別の友だちに伝えるという作業はむずかしいものがあります。「○○ちゃん、なんて言ってた?」「じゃあ、○○ちゃんに××って言おうか」と、いったん保育者を経由する配慮が必要でしょう。

毎日の生活につなげよう!!

グループ単位の活動のときに、「これから○○をします。××を用意してください」などと指示を伝言ゲームで伝えてみるのもいいでしょう。

身につくスキル

人の話を聞くことができる

オオカミさんに聞いてみよう

ねらい
・相手と意見が合わなくても、互いに気持ちを伝え合える。
・人の話の内容をよく聞きとることができる。

オオカミさんと子どもとが問答する、劇あそびふうのあそびです。
話をよく聞いて素早く動く、チームで話し合うという２つのスキルの練習になります。

基本のあそび　オオカミさんに時間を聞いて動こう

●「オオカミチーム」と「子どもチーム」に分かれよう

それぞれの“おうち”を設定し、子どもは音楽に合わせて動き、オオカミは寝ているまね。保育者は、最初は子どもチームに加わります。

●オオカミに時間を聞こう

少し動いたところで、保育者は「もう帰る時間かな？　オオカミさんに何時か聞いてみよう」と子どもに声をかけます。子どもは横１列に並んで手をつなぎ、オオカミの“おうち”に１歩ずつ近づきながら「オオカミさん、今何時？」と聞きます。

●オオカミは相談して時間を決めて答えよう

みんなで時間を相談して、声をそろえて答えます。子どもが近くにくるまで、「３時」や「５時」など、「夜中の 12 時」ではない時間を言いましょう。

●オオカミが「夜中の 12 時」と言ったら、子どもは大急ぎで逃げよう

オオカミが「夜中の 12 時」以外の時間を答えているうちは、子どもは「あ〜よかった。あそぼう」と言ってまた動きます。「夜中の 12 時！」と言ったら、子どもは大急ぎで“おうち”に走って帰りましょう。

●オオカミは逃げる子どもを追いかけよう

途中でオオカミにつかまった子は、オオカミチームに入ります。子どもが少なくなったらゲーム終了。

スキルUP　登場人物を増やそう

子どもチームとオオカミチームのほかに、クマチーム、ライオンチームなどをつくります。オオカミは「夜中の12時」クマは「夜の10時」ライオンは「朝の5時」と叫んだら追いかけてくる、というルールを加えます。時間を3つ覚えなくてはならず、ドキドキもUPします。

次は何時って言う?

クマさん今何時?
次はクマさんに聞いてみよう

支援が必要な子どもへは

・言葉のやりとりを楽しむことはむずかしいかもしれません。「夜中の12時」と言ったら逃げる、というところを楽しませてあげましょう。

毎日の生活につなげよう!!

ゲームの中で、子ども同士が相談して次の行動を決められるよう、保育者は言葉をかけていきます。毎日の活動でも、グループごとで話し合ってから、全体で決めていく、という進め方を取り入れていきましょう。

何を描く?

身につくスキル
自分から仲間に加わることができる

リーダー探し

ねらい ・友だちといる楽しさを感じたり、友だちが持っている物や、していることに興味をもち、同じことができる。

リーダーの動きを素早くまねすることが必要なあそびです。
みんなで同じ動きをする中で、友だちと一体感を感じながら楽しむことができます。

基本のあそび　最初に拍手をしているのは誰かを当てよう

●オニとリーダーを決めよう

オニを１人決め、オニ以外の子どもの中からリーダーを決めます。リーダーはオニにわからないように決めましょう。
オニ以外の子どもは、輪になって座り、オニは輪の真ん中に入ります。

●リーダーに合わせて拍手をしよう

保育者の「スタート」の合図で最初は一斉に「拍手」。
リーダーはオニに見つからないように、手を止めたり、また拍手をしたりしましょう。
子どもたちはリーダーに合わせて、手を止めたり、拍手をしたりします。
オニは、円の内側から全員をよく観察して、拍手をリードしているのが誰かを当てます。

スキルUP　最初に動いているのは誰かを当てよう

リーダーは、座って脚をぶらぶらさせたり、手を上げたり下げたり、立ちあがって踊ったりと、いろいろな動きをします。ほかの子は、リーダーをあまり見ないで動きをまねしましょう。オニに気づかれないよう、素早く動きを変えるのがおもしろいあそびです。

支援が必要な子どもへは

・「リーダー」の意味とルールをていねいに知らせていく必要があります。自分がリーダーを経験すると、リーダーの意味も理解しやすく、あそびを楽しめるかもしれません。

毎日の生活につなげよう!!

一斉活動のときなどに、「今日は先生がリーダーです。先生のまねをして動いてね」と伝え、たとえば次の活動が製作のとき、ハサミを使う動きや絵を描く動きをしたりして、次の活動へつないでいくとよいでしょう。

身につくスキル

自分から仲間に加わることができる

何人乗れる？「新聞紙ゲーム」

ねらい
- 緊張しながらも、仲間に入ってあそぶことができる。
- 「入れて」と言ってあそびの仲間に入ることができる。

広げた新聞紙に何人乗れるかをグループ対抗で競ってあそびます。
「入れて」「いいよ」のやりとりを加えることで、仲間に入るやりとりの練習になります。

基本のあそび　新聞紙に、グループみんなで乗ろう

●新聞紙を床に広げよう

グループに１枚ずつ新聞紙を用意し、床に広げます。
１人ずつ、新聞紙に乗っていきます。

●「入れて」と言いながら順番に乗ろう

２番めに乗る子からは「入れて」と言って乗ります。乗っている子は「いいよ」とこたえます。

※全員乗れるよう、グループの人数を調整しましょう。

スキルUP　どのグループが早く乗れるか競争しよう

グループ対抗で新聞紙に乗ります。「よーいドン」で１人ずつスタート。先頭の子が新聞紙に乗って「いいよ」と言ったら、２番めの子がスタートします。

乗る子は「入れて」と言い、乗っている子は「いいよ」とこたえます。乗った子全員で「いいよ！」と大きな声で言ったら次の子がスタートします。

全員乗ったところで声をそろえて 10 数えましょう。
一番早く数え終えたグループが勝ち。

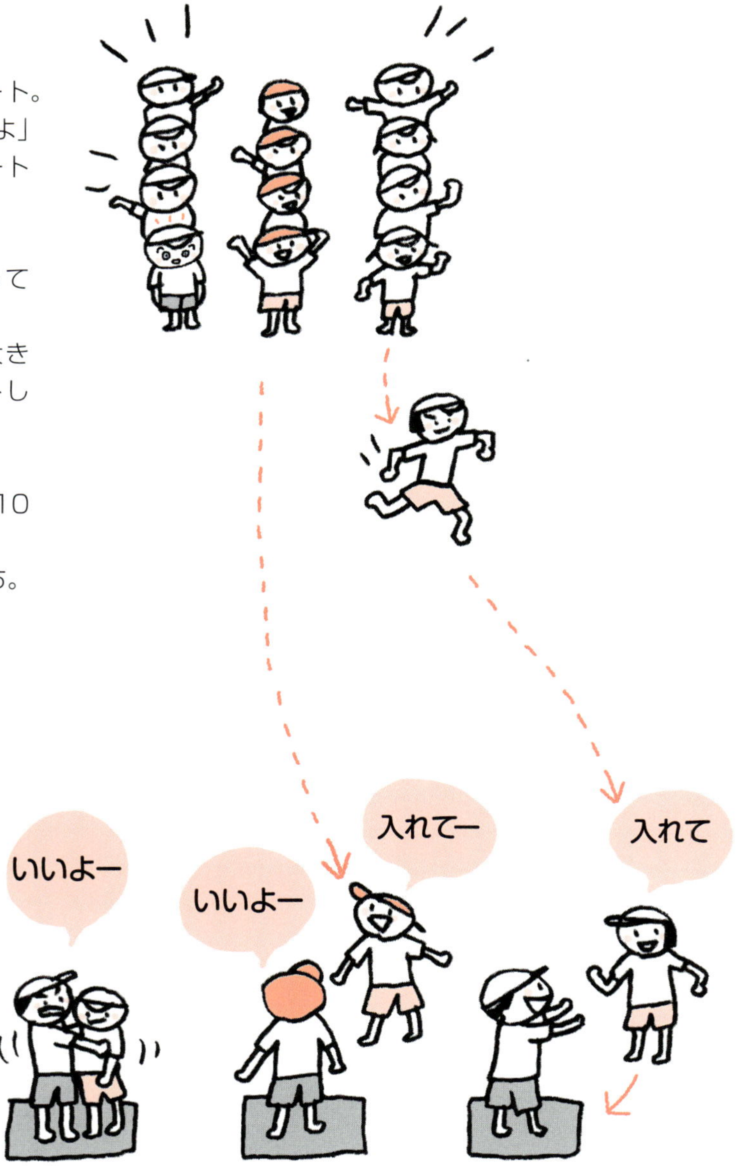
いいよー
いいよー
入れてー
入れて

支援が必要な子どもへは

・自分から「入れて」と言うのはむずかしいかもしれません。保育者がそばについて、ほかの子に「○○ちゃんがここに乗ってもいい?」と声をかけてあげましょう。

毎日の生活につなげよう!!

自由あそびの時間などで、あそびに入れないでいる子に、「新聞紙ゲームみたいに『入れて』って言ってみよう」と提案してみましょう。保育者は様子を見守りながら、状況によっては、調整することも必要です。

「入れて」って言ってみようか

身につくスキル

自分から仲間に加わることができる

♪らかんさんがそろたら

ねらい

- 友だちといる楽しさを感じたり、友だちが持っている物や、していることに興味をもち、同じことができる。
- 順番を守ることができる。

みんなで声をそろえてうたいながら、動きをつないでいきます。
同じ動きを一人でしなくてはならないので、友だちの動きに興味を向けることができます。
自分の順番が来るのがどきどき待ち遠しいあそびです。

基本のあそび　うたいながら同じ動作をしよう

●輪になり、メロディーに親しもう

最初はくり返し曲を聞いて、自由に動いてみましょう。

●隣から隣へ動きを伝えていこう

みんなで「♪よいやさのよいやさ」をくり返しうたいながら、順番に動きを伝えていきます。
最初は保育者からスタート。
「♪よいやさのよいやさ」に合わせて動いたら、次の「♪よいやさのよいやさ」で右側の子が同じ動きをします。また次の「♪よいやさのよいやさ」でその右側の子が同じ動きをしていきます。

●全員に動きが伝わるまで、「♪よいやさのよいやさ」を続けてうたおう

最後はみんなで同じ動きをたっぷり楽しみましょう。

作詞・作曲不詳

ら かんさん が そ ろた ら ま わそう じゃな いか よい やさ のよい やさ

スキル UP　動きを伝えていこう

グループで１列に並び、後ろから動きを伝えていきます。
最初に保育者は一番後ろの子どもだけに動きを見せます。
動きを覚えたら前の子の肩をたたき、たたかれた子は振り向いて動きを覚え、同様に次の子に伝えます。
みんなで「♪よいやさのよいやさ」とうたいながら、伝言ゲームのように順番に動きを伝えていきます。
最後まで、同じ動きが伝わるかな？
最後に、みんなで一緒に動いてみましょう。

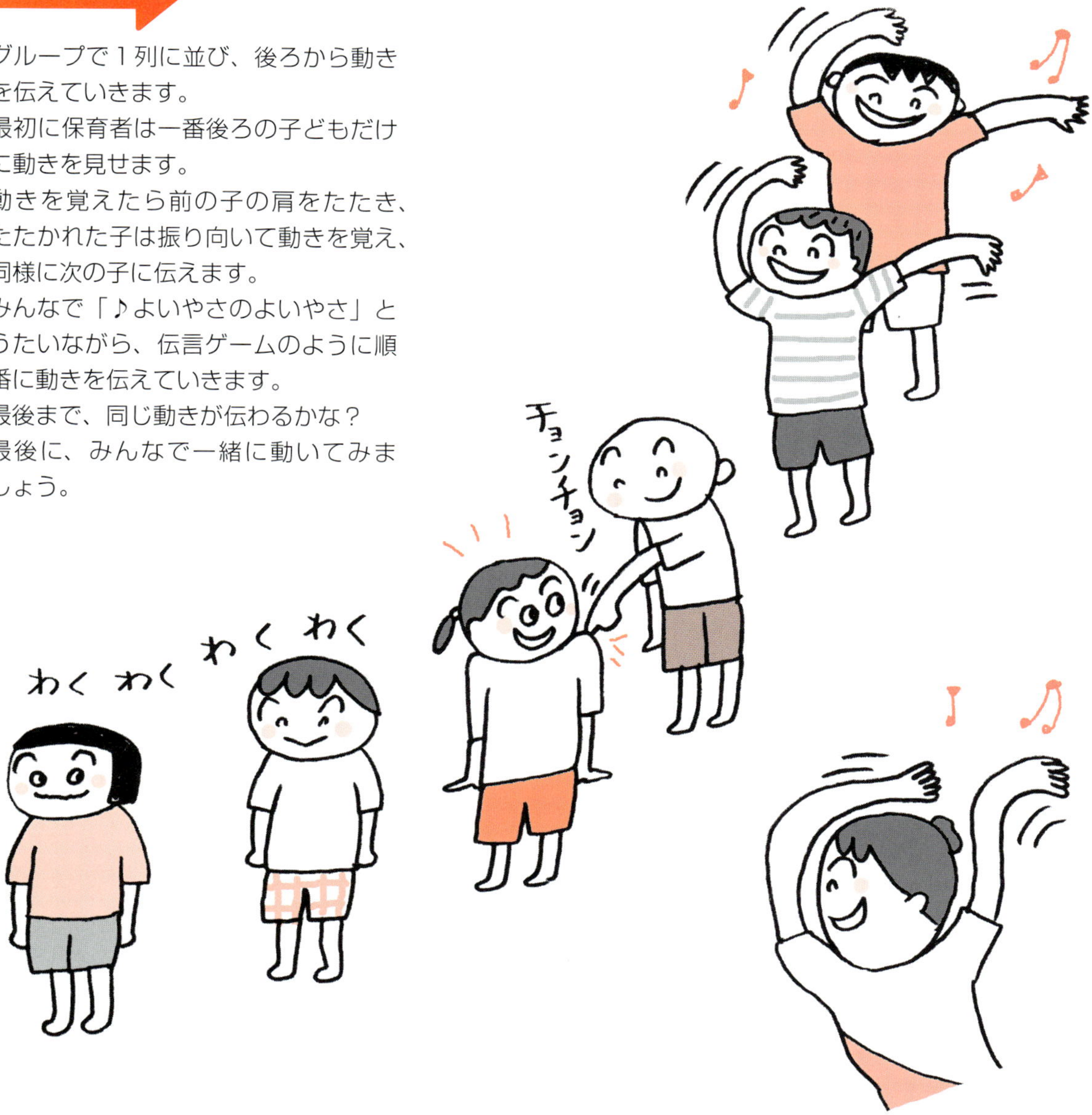

支援が必要な子どもへは

- 保育者がその子の前に入って、「先生と一緒にやろうね」と一緒に動いてあげましょう。
- 後ろを気にして見てしまうときは、「見ちゃだめよー」と楽しげに声をかけましょう。

毎日の生活につなげよう!!

製作など、長い時間座っておこなう活動で、子どもたちの集中がとぎれたときなどは、みんなで一緒に「♪よいやさのよいやさ」と動いて、気分転換をしましょう。気持ちが盛り上がったら、だんだん声も動きも小さくしていき、静かな活動に戻します。

身につくスキル

自分から仲間に加わることができる

まねっこ歩き

ねらい
- 友だちといる楽しさを感じたり、友だちが持っている物や、していることに興味をもち、同じことができる。
- 目の前にないものを思い浮かべて、表現できる。

みんなで同じように歩くのがおもしろいあそびです。
同じことができた！ と喜び合うことで、友だちといる楽しさ、
ここちよさを感じられます。

基本のあそび　まねして歩こう

保育者が先頭に立って歩き、子どもは保育者の歩き方をまねしながら、後ろに続きます。
ゆっくり大きな歩幅で歩いたり、ちょこちょこと小さく歩いたり、スキップしたり、リズムを変えたりと、みんなで同じ動きを楽しみながら歩きましょう。
全員同じ動きができたら、「みんなできたー」と喜び合いましょう。

こんなふうに歩けるかな？
リス歩き
ペンギン歩き

王さま歩き〜
王さまだ
私も王さま

スキルUP 想像しながら歩こう

保育者のストーリーをイメージしながら歩いてみましょう。
「あ！ 大きな犬が寝てるよ。起こさないように静かに歩こう」と静かに歩いたり、
「雨が降りそうよ。いそいで○○へ行って雨宿りをしよう」と大急ぎで歩いたりします。
ときには「大きな水たまりがあるよ。どうする？」などと聞いたりして、子どもの発想を引き出しながら、みんなで歩いてみましょう。

お散歩しよう
犬が寝てるよ
しー
ここに大きな水たまりがあるの。どーする?
ジャンプする
水に入る!!
ジャンプがいい!!

支援が必要な子どもへは

- その子の好きなもの（電車、ペンギンなど）のまねをして歩くようにすると、楽しく参加できるでしょう。
- イメージがつかめずにいるときは、具体的に説明してあげましょう。

毎日の生活につなげよう!!

同じように動くあそびを通して、共感が生まれ、友だちとの距離が近づきます。4月など、友だち同士に距離感がある時期や、クラスにまとまりがないようなときには、まねしあったり、同じ動きをするようなあそびを取り入れてみましょう。

ロボット歩き一緒だね

身につくスキル
ルールを守って
あそぶことが
できる

借り物競走

ねらい

- 遊具を「貸して」と言ったり、友だちが使い終えるまで待つことができる。
- 友だちに遊具などを貸すことができる。
- 友だちを助けたり、大切にできる。
- （理由を述べて）断ることができる。

「貸して」「いいよ」のやりとりがルールになるようにあそびます。
「ないよ」と言われたら、別の友だちに、素早く交渉しなくてはいけません。
誰が何を持っているかがわからないところがスリルです。

基本のあそび　グループ対抗で借り物リレーをしよう

〈用意〉

- 部屋にある物（粘土、クレヨン、粘土板、絵本、おもちゃ類）の名前や絵をかいたカードを子どもの人数分（箱に入れておく）。
- カードと対応する実物（貸す役の子が１人１つずつ持つ）。

●グループに分かれよう

グループごとに競います。
４グループに分かれ、そのうち２グループが最初に借り物競走をし、残りの２グループの子は貸す役をします。

●箱からカードを1枚引こう

「よーい、ドン！」の合図で、それぞれの第１走者の子がスタート。箱からカードを１枚引き、そこに書いてある物を、貸すグループの中の誰かに借りて、次の子にタッチします。

●「○○貸して」と言って借りよう

貸すグループの子のところに行き、「◎◎ちゃん、○○貸して」と声をかけます。貸してくれたら「ありがとう」、「ないよ」と言われたら、すぐに別の子に声をかけます。

●「いいよ」と言って貸そう

「貸して」と言われた物を持っていたら、「いいよ」と言って貸します。持っていないときは「ないよ」とはっきり答えましょう。

それぞれ勝ったグループ同士が競って、「借り物チャンピオン」を決めましょう。
早く全員が借り終わったグループが勝ち。

スキルUP　力を合わせて借りる物をそろえよう

２グループに分かれ、反対側のスタートに立ちます。
借り物カードは同じ物を２枚ずつ用意し、それぞれ違うグループの子に行くように１人１枚ずつ配ります。
「よーい、ドン」でスタートし、真ん中で同じカードを持っている子を見つけ、ペアになって一緒にカードの物を借りてきてゴールします。

バケツ
同じだね

バケツ
あった！
先生、バケツ
貸して

支援が必要な子どもへは

・保育者がそばについて、「○○ちゃんに、××を貸してって言ってみようか」などと、具体的に知らせてあげましょう。
・「ないよ」と言われたときは、別の子に聞くことを伝えてあげてください。

毎日の生活につなげよう!!

実際の場面で、友だちに「貸して」と言って、「いや」と断られたときにどうするかが問題です。保育者が仲介に入りながら、少し待つから貸してほしいとか、これを貸すから貸してほしいといった交渉が必要だということを、その都度伝えていきましょう。

いいよ
○○ちゃん、
クレヨン貸して

身につくスキル
ルールを守ってあそぶことができる

"ピッ"で交代「電車ごっこ」

ねらい
- あそびの中で役割を交互に交代することができる。
- あそびのルールを理解することができる。
- 友だちの嫌がるようなことをしない。

笛の合図で運転士とお客さんが役割交代。無理に引っ張ったりせず、
声をかけ合ったり、息を合わせることが大切なことにも気づきます。

基本のあそび　交互に運転士になろう

●2人で電車になって自由に動こう
2人で電車になり、音楽に合わせて自由に走ります。
電車の枠は、縄でもフープでもかまいません。

●笛の合図で先頭を交代しよう
保育者は駅員さんの役。保育者の笛の合図で先頭を交代してまた走ります。

●保育者の合図でいろいろ動こう
保育者の「信号、赤に変わりました」の声でストップしたり、「山道を走ります」で、「ヨイショヨイショ」と山登りふうのかけ声をかけて走ったりしましょう。

♪ガタンゴトン♫

♪シュッシュッ♫

ピッ
交代だね
くるり
くるり
はい、交代！
くるり
くるり

スキルUP 順番に運転士になろう

電車に入る人数を、３人４人と増やしてみましょう。
電車の枠は、人数に合わせて、調整します。
音楽に合わせて自由に走りながら、笛の合図で運転士（先頭）を交代。
電車を１回止め、先頭の子は枠から出ていちばん後ろへ行き、２番目の子が次の運転士になります。

○○電車
出発～

次はぼくが
運転士だ！
私はお客さん

支援が必要な子どもへは

・電車が好きな子には楽しめるあそびです。
・ほかの子のペースに合わせて動くことが苦手な子には、保育者がそばについて「ガタンゴトン」などと声をかけて、友だちと息を合わせて走る楽しさを知らせていきましょう。

毎日の生活につなげよう!!

グループごとの活動でも、係などを順番に担当できるよう配慮しましょう。みんなで活動を進める中で、「ピッ」の合図で係を交代するなど、あそびのルールを取り入れてみてもいいですね。

明日は
私よ♪
今日はぼく
が○○係！

身につくスキル

ルールを守ってあそぶことができる

園庭サーキット

ねらい

・あそびのルールを理解することができる。
・あそびのルールを守ることができる。
・遊具を交代で使うことが理解できる。

園庭をいっぱいに使いながら、サーキットゲームをします。
園庭の遊具を交代で使ったり、遊具間をルールに従って移動しながらあそびます。

基本のあそび　グループごとに遊具をまわろう

●グループごとに遊具であそぼう

すべり台は順番に、ブランコは10かぞえたら交代と、遊具ごとのルールを決めておき、それにそってあそびます。

●「交代」の合図で隣の遊具に移動しよう

どっち側の遊具に移動するか、最初に決めて伝えておきます。順番に、全部の遊具をまわり、園庭を1周します。

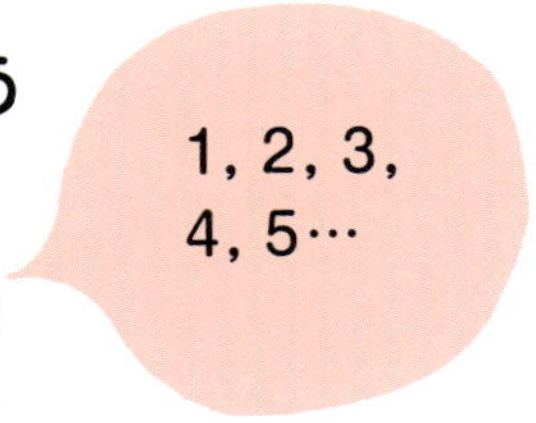

スキル UP　一人ずつ遊具を移動しよう

好きな遊具からスタートします。
順番に並んで待つ、決められた順に遊具をまわることを、自分で判断しながらあそびます。
まわる順番が決まっているので、たくさん順番を待っている子がいても、いちばん後ろに並んで待たなくてはなりません。

1.2.3.4.5
… 10!

次は
すべり台だ！
1回
順番に
まわろうね
わーい、次は
ジャングル
ジム〜
1.2.3.4.5… 10

支援が必要な子どもへは

- 1人で移動するのを好む子には、保育者がついて2人で移動できるよう配慮しましょう。
- ひとつのあそびに入り込んでしまう子には、やりたいあそびを十分にさせていくようにします。

毎日の生活につなげよう !!

あそびの中で、楽しく順番を待つ方法をみんなで考えてみましょう。ぶらんこなどは、みんなで声を出してかぞえるとか、歌をうたって待つとか。サーキットの中にも取り入れて、待つことを楽しめる経験にしていきましょう。

歌が終わったら
交代しよう

身につくスキル

ルールを守ってあそぶことができる

おとなりへ渡しっこ

ねらい

- あそびのルールを理解することができる。
- 遊具を大切に使える。
- 相手のことを思いやって行動できる。

リズムに合わせて、大きな物や小さな物、落とすと割れてしまうものなど、いろいろな物を渡しながら、物と相手のことを考えて渡す練習をします。

基本のあそび　リズムに合わせて、タッチをつなごう

リズムに合わせて、となりへ順番にタッチしていきます。
やさしくタッチとか、ちょっと強くタッチとか、3回タッチなどと、タッチの仕方を変えたり、すばやくタッチをつないだり、ゆっくりタッチしたりしてみましょう。

タッチでハイ
タッチでハイ
タッチでハイ
さいごは、ポン
ポン
ポン

スキルUP いろいろな物を渡していこう

タッチにかえて、いろいろな物を渡していきます。
どう渡したら相手が受け取りやすいかをみんなで考えてから始めましょう。

●渡す物の例●
ボール、えんぴつ、ペン、皿、はさみなど。

はさみは危ないから、こうやって持って渡すのよ

※はさみやえんぴつは危険のないようにきちんと渡し方を教えましょう。渡し方が身につくよう、ぜひあそびに取り入れてみてください。

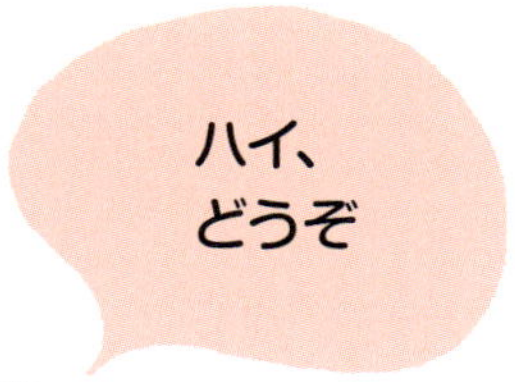
ハイ、どうぞ

支援が必要な子どもへは

・楽しくて、気持ちが高揚する子もいます。保育者がそばについて、落ち着いてあそびに参加できるように「今度はボールだよ。ボールはこう持つんだよ」などと声をかけていきましょう。

毎日の生活につなげよう!!

人へ物を渡すとき、相手へ配慮することに気づけずにいるときは、「どうやって渡すといいんだっけ?」と話して、あそびでの経験が実際の場面でもつながるようにしてあげてください。

ハイ
違うよ

身につくスキル

ルールを守ってあそぶことができる

アレンジおにごっこ「天使と氷オニ」

ねらい
- あそびのルールを理解することができる。
- あそびのルールを守ることができる。
- 友だちを助けたり、大切にできる。

おにごっこのバリエーション「氷オニ」にさらにアレンジを加えて、楽しくあそびます。
あそびながら、友だちを助けたり、大切にする意識が身につきます。

基本のあそび　ルールを理解してあそぼう

オニ役と天使役を１人または２人ずつ決めます。
オニにつかまった子は、「氷」になり、その場で止まり、カチンコチンと「氷」のポーズ。
「氷」になった子は、天使に「天使の輪」をのせてもらうと、「氷」が溶けて、また動いて逃げることができます。
時間を決めてストップ。
オニ役と天使役を交代しながらあそび、くり返す中で、全員が、オニ役、天使役になれるよう配慮しましょう。

にげろー
こっちだよー
助かった〜
カチンコチン
つかまえた！
氷よ、溶けろ

スキルUP　助けてもらったら「ありがとう」と言おう

助けてもらった「氷」は、天使に「ありがとう」と言わないと動けない、というルールを加えましょう。天使は「どういたしまして」と答えるようにします。

ごあいさつを
忘れずに
ありがとう
サッ
助けるよー
ぼくも
助けて〜
カチンコチン
氷に
しちゃうぞ

支援が必要な子どもへは

- ルールを理解するのがむずかしい子もいますから、そのような子は、天使役として参加させるとよいでしょう。
- 参加できるようになったら、「かたまり方が上手だね」などと、自信をもたせるような言葉をかけていきます。

毎日の生活につなげよう!!

毎日の活動や慣れたあそびでは、ルールを意識しなくてもできるようになっています。ときには“いつもの”あそびを少し変えて、新しいルールを取り入れていきましょう。おにごっこなどは、さまざまなバリエーションがあり、取り入れやすいです。

高い所にのぼ
った子はタッチ
できないの

身につくスキル

人の気持ちを考えて行動できる

おみやげウォークラリー

ねらい

・相手の気持ちを察したり、理解することができる。
・自分と相手との思いの違いに気づける。
・自分とは違う意見を理解することができる。

２人、あるいはグループなどで、相談しながら進むウォークラリー。
指示されたものを探して持ってくるゲームです。
遠足やお泊り保育などの機会に自然の中ですると一層盛り上がります。

基本のあそび 「おみやげ」を集めよう

〈用意〉

・探して持ってくる「おみやげ」の指示を書いた紙、おみやげを入れる袋やカゴ。

「おみやげ」の例

・木の中に隠れているおもちゃ１つ
（どのあたりの木か限定）
・すべり台にある石１つ
・砂場に隠れている葉っぱ２枚
・園長先生のサイン
・縄跳びの縄 １本

※「おみやげ」はホールや保育室を出て探しにいける物を考えましょう。

● 「おみやげメモ」を見て、作戦を立てよう

スタートの前に、どうしたら早くゴールできるか、どの順番にまわって集めるかグループで相談タイムをもうけます。

● 「おみやげ」を集めよう

チームごとに「おみやげメモ」を渡され、それを全部集めて、早くゴールまで戻ってきたグループが勝ち。

スキルUP 「おみやげ」を探しながら歩こう

〈用意〉

- 公園や園庭の簡単な地図。
- チェックポイントに1〜5の数字を書いた紙を貼っておき、ドングリや草花、絵を描いた石など、「おみやげ」の課題を置いておく。
- 歩く道の途中に、10本以下の数（子どもが数えられる数）の小旗を立てたり、さげたりしておく。

●グループごとに地図をたよりに歩こう

「チェックポイントに置いてある物と同じ物を『おみやげ』に持って帰ってこよう」、「スタートからゴールまで全部でいくつの小旗があるかな？」の2つの課題に挑戦しながら歩きます。

●課題ができているかチェックしよう

ゴールして、全部そろっていなかったり、違う物だったり、旗の数が違ったときは、再度探しにいきます。
全部そろえて一番早く戻ってきたチームが1等賞。

支援が必要な子どもへは

- 保育者がそばについて、一緒に行動してあげましょう。
- グループの中で、その子をどのように助けていくか、ほかの子たちの理解を促す機会にもできます。

毎日の生活につなげよう!!

クラスやチームで協力し合ってゲームを進めるとき、強い子どもばかりがリードしてしまわないようにしたいですね。あそびでも活動でも、保育者は控えめな子の声も聞くようにしましょう。

身につくスキル

人の気持ちを考えて行動できる

ジェスチャーあそび

ねらい

- 相手の表情を読み取ることができる。
- 相手の気持ちを察したり、理解することができる。
- 相手の行動の意図が理解できる。

言葉を使わずに表情やしぐさだけで言いたいことを伝えます。
表情やしぐさだけでも、相手に伝わるということを、あそびで体験してみましょう。

基本のあそび　ジェスチャーで動物を表現しよう

出題する人は、しゃべらず手や体を使って、何の動物かを伝えます。
回答がなかなか出ないときは、保育者が「ピョンピョン跳ぶのよね」と子どもの動きを解説したり、「どんなふうに歩くのかな？」と動くポイントを伝えたりしましょう。

木登りが大好きね
どうやって歩くのかしら…
あ、その手はお鼻ね

?
サルだ!
ちょう?とり?

スキル UP ジェスチャーで気持ちを表現しよう

保育者が、泣く・うれしい・怒る・困るなどをジェスチャーでやって見せ、子どもたちが当てます。慣れたら、「ころんで泣いた」とか「プレゼントをもらってうれしかった」などと、短いストーリーをジェスチャーで伝えてみましょう。
保育者のジェスチャーをスムーズに理解できるようになったら、子どもが前に出てきてやってみましょう。

泣いてるー
笑ってる
怒ったー

走ってる
ころんだ
泣いた

支援が必要な子どもへは

・その子が経験したことがあるもの（こままわしやケンパーなど）をジェスチャーにすると、理解しやすくなります。

毎日の生活につなげよう !!

あそびを通して、気持ちによって顔の表情が変わることがわかりました。折にふれ、「○○ちゃん、なんだか困った顔をしてるよ。どうしたのかな?」などと伝えて、言葉はなくても、友だちの表情や仕草を見て、わかってあげようということを伝えてください。

身につくスキル

人の気持ちを考えて行動できる

一緒に動こう「ぞうさんとくものす」

ねらい
- 友だちが「一緒にやって」と頼んできたとき「いいよ」と言える。
- 相手と意見が合わなくても、互いに気持ちを伝え合える。

次の友だちの名前を呼んで「一緒にやって」と誘い、誘われた子は「いいよ」と答えるやりとりをあそびの中で練習します。
誘ったり誘われたりして一緒にあそぶ楽しさが経験できます。

基本のあそび　ぞうさんになって動こう

●みんなで「ぞうさんとくものす」をうたおう

歌の間、保護者はぞうさんの動きをしながら、子どもたちのまわりをまわります。

●順番に友だちを誘って動こう

歌が終わったら、「○○ちゃん、一緒にやって」と最初の子どもの名前を呼んで、誘います。誘われた子は「いいよ」と答えて、保育者の後ろにつき、今度は2人で動きます。
また歌が終わったら、誘われた子が左隣の友だちを誘っていきます。
全員が立って輪になって動いたら、最後に歌をうたっておしまい。

○○ちゃん
もやって
いいよ
次は、私

作詞・作曲不詳

C
Em
G7
C
F
C
G7
C
1. ひ とり のぞう さん く もの すに か かっ てあ そん で お りま し た
2. あ んま りゆか いに な った ので も ひと りお いで と よ びま し た

スキルUP　いろいろな動物になって動こう

１人友だちが増えるたびに「次は何になって動こうか？」と相談し、別の動物になって動きます。このとき、みんなに何の動物になるかを伝え、歌詞の「ぞうさん」のところを、その動物にかえてうたいましょう。
全員が立って動くまで続けますが、大人数のときは、３人ずつ増えるように進めて、新たに加わる３人が動物を決めるようにするとよいでしょう。

うさぎ
へび

4人の
うさぎさん♪

支援が必要な子どもへは

・歌と動きを同時に覚えるのはむずかしいので、まずは歌をうたって、メロディになじませるところから始めましょう。
・保育者が隣で一緒に動くと、あそびに参加できるでしょう。

毎日の生活につなげよう!!

子どもに手伝いを頼むとき、保育者は1人だけに声をかけ、その子から別の子に「一緒にやって」と声をかけてもらうようにしてみましょう。

いいよ
一緒に
やって

身につくスキル

人の気持ちを考えて行動できる

♪ことしのぼたん

ねらい

・相手の気持ちを察したり、理解することができる。
・自分と相手との思いの違いに気づける。
・自分が話したいことと相手の内容を合わせて、言葉のやりとりができる。

昔から伝わる伝承あそびをアレンジします。
劇あそびのように台詞のやりとりをしながら、交渉ややりとりのおもしろさを経験します。

基本のあそび 「ことしのぼたん」を覚えよう

●全員で「ことしのぼたん」の動作を覚えよう

♪ことしのぼたんは　よいぼたん
右手を上にして、両側の子どもと手を打ち合う（8回くり返す）。
♪おみみをからげて
耳の横で、人さし指でグルグルと回す。＊1
♪すっぽんぽん
拍手3回する。＊2
♪もうひとつおまけにすっぽんぽん
＊1と＊2をくり返す。

●オニ以外の子全員で円になり、「ことしのぼたん」をうたって踊ろう

オニを1人決めます。残りの子どもたちは輪になって「ことしのぼたん」をうたいながら手を動かします。オニは輪の外に出ています。

●台詞のやりとりをしよう

うたい終わったら、オニが子どもたちに台詞を言います。順番にオニの役を代わりながら、くり返しあそびましょう。最初は保育者がオニになるとよいでしょう。

わらべ歌
こ と し の ぼ た ん は よ い ぼ た ん
お み み を か ら げ て す っ ぽん ぽん も ひ と つ お ま け に
すっ ぽん ぽん
（はやしことば）
だ れかさん のう しろ に へ びが いる

オニ　「入れて」
みんな「いやよ！」
オニ　「どうして？」
みんな「こわいから」
オニ　「山につれていってあげるから！」
みんな「山坊主がいるからいや！」
オニ　「海につれていってあげるから！」
みんな「海坊主がいるからいや！」
オニ　「じゃあ今度、うちの前を通ったらたたくよ」
みんな「ヒャー、それなら入れてあげる」

（オニも輪に加わり、「ことしのぼたん」を一緒にやります。）

オニ　「ごはんの時間だから　帰る！」
みんな「ごはんのおかずは　なあに？」
オニ　「ヘビとカエル」
みんな「生きてるの？　死んでるの？」
オニ　「生きてるの！」
みんな「うわぁ～こわい！　さようなら！」
オニ　「はい　さようなら！」

（オニは円を離れて歩いていき、みんなはその後をついていきます。
そして、歩きながら）

みんな「♪だれかさんのうしろに　へびがいる」
オニ　（立ち止まり、振り返り）「わたし？」
みんな「いいえ」

（とうたい、それを何度かくり返した後「そうよ！」と言ったら、おにごっこが始まります。
捕まった子が、次のオニ。）

スキル UP　オリジナル「ことしのぼたん」を考えよう

「山」と「海」の部分に「○○公園」「××動物園」など、子どもたちの身近な場所を入れてみましょう。こたえるほうは「○○坊主がいるからいや」などと言い、最後に「それなら入れてあげる」につなぎます。ほかにも、「オニさんは、どんなことを言うかなあ？」と子どもたちと想像して、その台詞を入れてみましょう。

●例えば●
「つのをさわらせてあげるから」
「やさしくしてあげるから」など

おもちゃやさんにつれていってあげるから
おもちゃや坊主がいるからいや！

支援が必要な子どもへは

・言葉あそびを楽しめない子には、前半は無理に参加させず、「だれかさんのうしろにへびがいる」のおにごっこから参加させるとよいでしょう。

毎日の生活につなげよう!!

あそんだあとで、「仲間に入れてもらえないときってどんな気持ちがするか」や「どんなとき仲間に入れたくないのか？」について話し合ってみましょう。相手の気持ちになって考える機会をつくっていきたいですね。

ポツン
さみしいなあ……

身につくスキル

他者と会話ができる

お返事キャッチボール

ねらい

・自分が伝えたい相手に向かって話しかけることができる。
・相手のことを思いやって行動できる。

相手の名前を呼んでボールを投げる、返事をして受けとり投げ返す、というシンプルなあそびです。相手に向けてボールを投げながら声をかけていくことで、自然にコミュニケーションがとれます。

基本のあそび　名前を呼んでボールを渡そう

●「○○ちゃん」と言いながらボールを投げよう

みんなで輪になり、保育者がボールを持って真ん中に立ちます。
ボールを投げる相手を見て、「○○ちゃん、いくよ」と声をかけてから、「○○ちゃーん」と言いながらボールを子どもに投げます。

●「はーい」と返事をしながらボールを返そう

受けとった子は、ボールを保育者に投げ返しながら「はーい」と返事をします。
輪を小さくしたり大きくしたりして、投げる距離に変化をつけましょう。
遠いときはゆっくりと名前を呼びながら投げ、近いときは素早く名前を呼びます。返すときも同様のテンポで。

スキルUP　ジグザグボールリレーをしよう

チームごと2列に並び、ジグザグにボールをつないでいきます。「はーい」の返事はボールを受けとるときにします。
最後の子まで早くボールが渡ったチームの勝ち。
低年齢児のクラスでは、ボールを転がすようにするとよいでしょう。

支援が必要な子どもへは

- 保育者がそばについて、「誰に渡したい?」「じゃあ、○○ちゃんのところに投げようね」などと声をかけていきましょう。
- ボールを受けとるときは、「○○ちゃんからボールがくるよ」「ほら、きた～」などと声をかけていきましょう。

毎日の生活につなげよう!!

新学期など、友だちの名前を覚えていない時期には、名前を呼び合うようなあそびを取り入れるとよいでしょう。新入園児には、名前を呼ばれたら返事をする練習にもなります。

身につくスキル

他者と会話ができる

携帯電話ごっこ

ねらい
・自分が話したいことと相手の内容を合わせて、言葉のやりとりができる。
・電話ごっこなどで、２人で交互に会話してあそぶことができる。

携帯電話を作って、いろいろな友だちとおしゃべりを楽しみます。
「電話」を使って話すことで、交互に会話することを意識できます。

基本のあそび　携帯電話を作って話そう

●電話についてたくさん話そう

「電話でお話ししたことある？」「誰とお話しした？」などと、電話について子どもと話し、興味を向けます。

●１人１つずつ携帯電話を作ろう

「みんなも携帯電話を作って、お話ししてみようか」と伝え、１人１つずつ携帯電話を作りましょう。

●携帯電話でおしゃべりしよう

かける役とかけられる役に分かれます。
かける役の子は数字を押しながら、「ぷるるるる」と呼び出し音を声に出します。
かけられたほうが、「はい」と電話に出たら、かけたほうは「もしもし、○○さんですか？」と聞きましょう。
かけられたほうは、「はい、○○です」と答えてから、自由におしゃべりをします。
かける役とかけられる役を交代しながら、くり返しあそびましょう。

ピッ
ポッ
パッ

もしもし
○○さんで
すか？
ぷる
るるる…

スキルUP いろいろな友だちと話そう

真ん中に机を置いて、カードを伏せておきます。（カードは、子どもの人数分、２人がペアになれるよう同じマークを２枚ずつ描いて用意）
携帯電話を手に、音楽に合わせて自由に歩き、音楽が止まったらカードを１枚取ります。同じ色で同じマークの子を見つけてペアになり、携帯電話でおしゃべりしましょう。
音楽が鳴り始めたら「じゃあね」と電話を切るまねをして、また自由に歩きます。
保育者が、話すテーマを提案してもよいでしょう。

好きな
食べ物の
ことを話して
みようか
まちがえましたー
えっ？

もしもし

支援が必要な子どもへは

・友だちと1対1で会話をするのがむずかしい様子なら、保育者が相手になり、その子に合わせて会話を誘導してあげましょう。
・電話ごっこが好きな子には、十分楽しませてあげてください。

毎日の生活につなげよう!!

普段あそばない友だちと2人で話す機会は、案外少ないものです。「電話ごっこ」などのあそびを通して、たくさんの友だちといろいろな話をする機会を設けましょう。

もしもし
○○くん
ですか？

身につくスキル

他者と会話ができる

インタビューごっこ

ねらい

・自分が話したいことと相手の内容を合わせて、言葉のやりとりができる。
・自分が伝えたい相手に向かって話しかけることができる。

マイクを使って、人の話を聞く側、こたえる側の立場を明確にしながらあそびます。
くり返しあそぶうちに、人の話を聞く力、人に話す力が育っていきます。
また、人前で話をする練習にもなります。

基本のあそび　インタビューしよう

●輪になって、マイクをまわそう

音楽に合わせて、マイクをとなりへ渡していきます。音楽が止まったらストップ。

●右側の子にインタビューしよう

マイクを持っている子がインタビュアーになり、右どなりの子にインタビューします。
１つインタビューをしたら、また音楽に合わせてマイクをまわします。

スキルUP　みんなの前でインタビューしよう

全員が座った状態で始めます。
「基本のあそび」同様にマイクをまわして、インタビュアーを決めます。
インタビュアーは、マイクを持ってこたえてほしい人のところに行き、インタビューしましょう。こたえる子も立ちます。いろいろな子がインタビューしたり、されたりするよう、配慮しましょう。

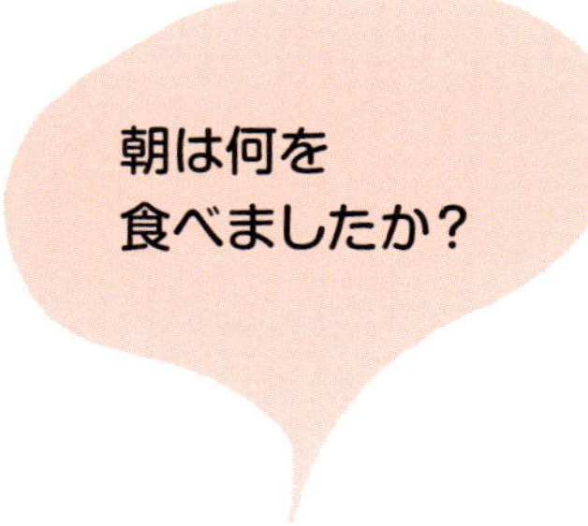
朝は何を
食べましたか？

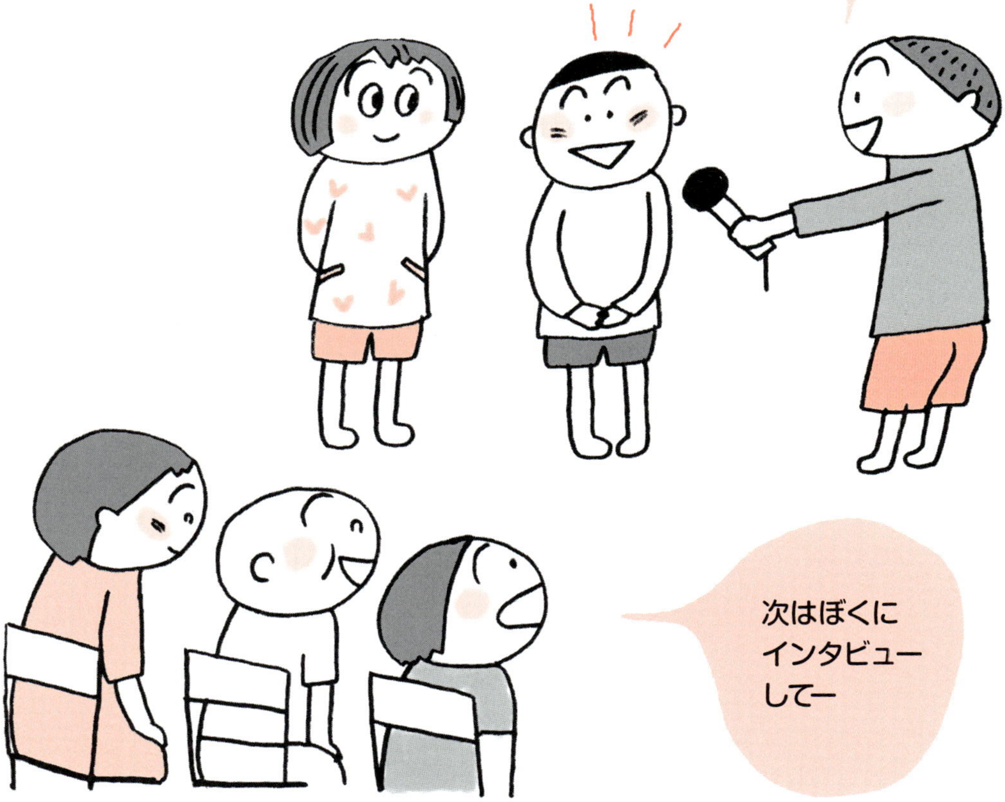
次はぼくに
インタビュー
してー

支援が必要な子どもへは

- 「お名前は?」「好きな食べ物は?」など、インタビューの項目を事前に決めておくと、参加しやすくなります。
- まずはインタビューする側を体験し、「できた」という達成感をもたせてあげてください。

毎日の生活につなげよう!!

朝の会や帰りの会など、決まった時間に毎日インタビューごっこを取り入れてみましょう。月曜日や長期の休み明けには、休み中にしたことなど、その日によってテーマを決めてもいいですね。

○○さん、
こたえて
ください

身につくスキル

他者と会話ができる

コーナーあそびで「スタンプラリー」

ねらい

・自分が話したいことと相手の内容を合わせて、言葉のやりとりができる。
・年下の子の世話をしたり、手伝いができる。

いろいろなコーナーの課題を相談しながらクリアします。
異年齢の交流では、年上の子は年下の子の面倒をみるよい機会になります。

基本のあそび　3人一緒にコーナーをまわろう

３人で一緒に楽しめるコーナーあそびを３～４種類程度用意します。

３人でチームを組み、一緒にコーナーの課題にチャレンジします。
１人ずつスタンプカードを持って、課題をクリアしたら、スタンプを押してもらいましょう。

●例●

・変身コーナー
変身カードを１枚引いて、引いたカードの絵（または写真）と同じ衣装や飾りを探して身につけます。衣装を着る子は３人のうちだれでもＯＫ。

・箸つかみコーナー
箸を使って“おかず”をつまみ、見本と同じお弁当を作ります。“おかず”は、豆や、スポンジを切ったものなどを用意します。

・つみきコーナー
３人で協力してつみきを高くつんでいきます。全部重ねられるかな？

・パズルコーナー
３人で１つのパズルを完成させます。

スキル UP　異年齢でチームになってまわろう

異年齢児３人（５歳児・４歳児・３歳児）でチームを組み、コーナーをまわります。必ず３人で行動すること、移動するときは走らないことを約束してからおこないましょう。

支援が必要な子どもへは

- 子どもだけにせず、保育者も3人組に加わって、一緒に行動してあげましょう。
- ほかの2人へは、その子のできることを伝えて、できるだけ3人で協力できるように配慮しましょう。

毎日の生活につなげよう!!

異年齢で行動するときには、一定期間同じ子同士でグループになって活動するとよいでしょう。自由時間などでも、自然なかかわりが見られるようになります。

身につくスキル

他者と思いを共有できる

みんなで描こう「散歩の絵」

ねらい

・同じところで反応し、同じところがわかりあえたことをうれしいと感じられる。
・グループごとの課題活動で、がんばったことを共感し合うことができる。

いつもみんなで歩いている散歩道や公園の絵を描き、１つの大きな作品にします。
それぞれの絵のよいところを認め合い、達成感や自信につなげていきます。

基本のあそび　グループで話しながら絵を描こう

〈用意〉

- 模造紙を２枚ずつ貼り合わせたものをグループの数分。
- 散歩の道や目的地の印象的な箇所（田んぼや畑、駅、池、花壇など）を保育者が模造紙に描いておく→最後に全部の模造紙を貼り合わせるとつながるように。
- 貼り合わせたときの全体図（模造紙大）。全体像を子どもがイメージできるように。

●グループごとに描きたい場所を選ぼう

同じ場所を描きたがったときは、ジャンケンなどで決めます。

●グループごとに絵を描こう

その場所には何があるかを話したり、誰が何を描くかを話して、絵を完成させていきます。
クレヨンで直接描き込んだり、画用紙に描いて貼ったりします。

●みんなで見せ合おう

それぞれのグループの絵が完成したら、みんなで見せ合います。自分のグループについて、がんばったところを発表し、ほかのグループからも、どんなところがよいかなどを言ってもらいます。

スキルUP　全部の絵をつないで完成させよう

でき上がった絵を全部つないで貼ってみましょう。
貼った絵を見て、みんなで感想を出し合います。
さらに、もっと描き入れたい場所や描き足らないものを出し合って、描き加えていきます。
画用紙をいろいろな大きさに切っておき、描いた絵を貼っていきましょう。

支援が必要な子どもへは

・その子の描くエリアを決めて、「○○ちゃんは、ここにお花を描こうか」などと、どこに何を描くのかを、しっかりと指示してあげるとよいでしょう。

毎日の生活につなげよう!!

散歩など園外に出かけるときには、自然の変化や街並みの特徴など、いろいろな発見や驚きを伝え合い共感し合うようにしましょう。普段の共感が、グループやクラスでの集団活動のまとまりにつながっていきます。

身につくスキル
他者と思いを共有できる

顔のまねっこあそび

ねらい
- 友だちといる楽しさを感じたり、友だちが持っている物や、していることに興味をもち、同じことができる。
- 同じところで反応し、同じところがわかりあえたことをうれしいと感じられる。

同じ顔をして、お互いの表情を見合うことで、気持ちを共有でき、心の安定につながります。
おもしろい顔をみんなで笑い合ったりすることで、
友だちといるここちよさや楽しさが感じられるあそびです。

基本のあそび　同じ顔をしてみよう

●保育者がいろいろな顔をしてみせよう
全員が内側を向いて座ります。最初に保育者が「♪こんな顔　こんな顔　できますか？」と言って、いろいろな顔をしてみせ、子どもがまねをしてみましょう。

●指名された子が楽しい顔をしてみせよう
保育者が「○○ちゃんからね」と顔をつくる子を指名します。
「♪こんな顔　こんな顔　できますか？」と、みんなで手拍子を打ちながらリズミカルに言い、「できますか？」のあとに、指名された子が楽しい顔をしてみせます。

●みんなで顔をまねしよう
「♪そんな顔　そんな顔　できますよ！」と、みんなで手拍子を打ちながらリズミカルに言い、指名された子の顔をまねします。
同じ顔ができたか、みんなで顔を見合わせてみましょう。

こんな顔
こんな顔
できますか？

そんな顔
そんな顔
できますよ！

スキル UP　顔まねで「リーダー探し」をしよう

●オニとリーダーを決めよう

オニを１人決め、オニ以外の子どもの中からオニにわからないようにリーダーを決めます。オニ以外の子どもは、輪になって座り、オニは輪の真ん中に入ります。

●リーダーの子の顔をまねしよう

保育者の合図でスタート。
子どもたちはリーダーの表情をまねしていきます。
保育者の「顔チェーンジ」の合図でリーダーは顔の表情をかえましょう。

●リーダーが誰かを当てよう

オニは、全員をよく観察して、リーダーが誰かを当てます。

笑ってしまい、同じ顔ができなくてもＯＫです。

支援が必要な子どもへは

・支援が必要な子も一緒に楽しみやすいあそびです。顔のまねだけではなく、おじいさんや赤ちゃんの格好などをおおげさに表現してまねしてみるのも楽しめるでしょう。

毎日の生活につなげよう !!

なかなか落ち着かない様子のときは、みんなで同じ顔をして、笑い合う時間をとりましょう。楽しい思いを共有することで、心の安定にもつながります。

身につくスキル

他者と思いを共有できる

「線路は続くよどこまでも」

ねらい

・友だちといる楽しさを感じたり、友だちが持っている物や、していることに興味をもち、同じことができる。

・同じところで反応し、同じところがわかりあえたことをうれしいと感じられる。

みんなで電車になって手や体を動かしてあそぶことで、「クラスみんな一緒」の一体感を経験することができます。遠足や運動会など、クラスがまとまる必要のある行事の前などに取り入れると、子どもたちの気持ちがそろいます。

基本のあそび　歌に合わせてみんなで動こう

●くり返しうたおう

「線路は続くよどこまでも」をくり返し聞いたりうたったりして、曲に親しみます。

●曲のリズムに合わせて、手を動かそう

輪になり、内側を向いて足を前に出して座ります。メロディーに合わせて、いろいろな動きをしてみましょう。

●動きの例●

- 両手で自分のひざを２回打ち、右手で右隣、左手で左隣の子のひざを２回打つ。
- 拍手を２回、片手ずつ両隣の人と手を２回打ち合う。
- 両手を車輪のように動かす。
- 両隣の人と手をつなぎ、曲に合わせて手を振る。

スキルUP　つながって一緒に動こう

輪になり内側を向いて立ちます。先頭になる子を決めておきます。
「基本のあそび」と同じように「線路は続くよどこまでも」の歌に合わせて手を動かし、途中から電車になって動きます。
「○○駅！」で止まる、「新幹線！」でスピードＵＰ、「各駅停車！」でスピードＤＯＷＮ。保育者の声かけにみんなで一緒に反応します。

支援が必要な子どもへは

・支援が必要な子も一緒に楽しみやすいあそびです。十分に楽しませてあげてください。
・肩に手をのせたり、のせられたりを嫌がる子もいます。前後の子に了解を得て、洋服のすそをつかんでもいいことにしましょう。

毎日の生活につなげよう!!

みんなでまとまってがんばろう！というときに、取り入れてみましょう。隣同士で手をつなぎ、最後は「エイエイオーッ」。同じ思いを共有することで、クラスのまとまりが生まれます。

身につくスキル

他者と思いを共有できる

「おおきなかぶ」ごっこ

ねらい

・友だちといる楽しさを感じたり、友だちが持っている物や、していることに興味をもち、同じことができる。
・同じところで反応し、同じところがわかりあえたことをうれしいと感じられる。

「おおきなかぶ」のお話をベースに、同じくり返しの台詞を一緒に声に出してあそびます。お決まりの台詞以外は自由に台詞を言ってもよく、気軽に楽しめる劇あそびです。

基本のあそび 「うんとこしょ、どっこいしょ」「抜けないねー」をくり返そう

〈用意〉
かぶ＝白い布（シーツやバスタオル）にタオルなどを詰めて丸い形にする。緑のタオルや布を白い布の口に差し込んで葉に見立て、口を結ぶ。

●役を決めよう
おじいさんとおばあさん、孫、犬などの登場人物を決めたあとは、孫の友だちや動物など、好きな役をつくりましょう。

●順番に登場しよう
かぶを真ん中においておき、最初におじいさんとおばあさんが登場。
「おおきなかぶができたよ。抜いてみよう」（おじいさん）
「うんとこしょ、どっこいしょ」「抜けないね」（一緒に）
孫がやってきて、
「まごの○○だよ。どうしたの？」（孫）
「かぶが抜けないんだよ」（おじいさんとおばあさん）
「手伝うね」（孫）
「うんとこしょ、どっこいしょ。抜けないね」（一緒に）
そのあとも順番に１人ずつ登場して、まずは名前を言って、それから前の子どもの腰を持って、「せーの」「うんとこしょ、どっこいしょ」「抜けないね」のやりとりをくり返しましょう。

●みんなでかぶを抜こう
最後の１人が加わったら、「さあ、抜けますよ！」と保育者が合図。全員一緒に、大きな声で、「うんとこしょ、どっこいしょ！！」「抜けた〜〜〜〜〜！！！」先頭のおじいさんはかぶを持って腰を床につきます。

犬の友だちだよ
かぶが抜けないんだよ
うんとこしょ どっこいしょ
抜けないねー
うんとこしょ どっこいしょ

スキルUP グループごとに劇あそびをしよう

「かぶ」をサツマイモやジャガイモ、ニンジン、ダイコンなど、ほかの食べ物にかえて、配役もグループごとに決め、「おおきな○○」という劇にします。
グループで練習したら、みんなの前で発表。
大きな食べ物も、グループごとに製作すると、より劇あそびらしくなり、達成感や共感する喜びが一層高まります。

ぬけたー！
おおきな にんじん

支援が必要な子どもへは

・「○○ちゃんの次に行こうね」などと声かけをすれば、参加できるでしょう。
・友だちとつながることの楽しさ、一緒に声を出すことの楽しさを味わわせてあげてください。

毎日の生活につなげよう!!

クラスの応援フレーズをつくってみましょう。「がんばれがんばれ、○○組」でも「いけいけ、いいぞ！　○○組」でもOK。みんなで声をそろえることで、気持ちもつながります。

○○組がんばるぞ

身につくスキル

他者と思いを共有できる

紙芝居「三匹のこぶた」

ねらい
・同じところで反応し、同じところがわかりあえたことをうれしいと感じられる。

声を合わせて台詞を言うことで、友だちと思いを共有するここちよさやうれしさを感じるあそびです。紙芝居を使った劇あそびは、低年齢児から楽しめます。

基本のあそび　みんなでひとつの役をやろう

●みんなでオオカミの声をしよう

「三匹のこぶた」のオオカミが大きな息を吹いてこぶたの家を壊すところを、みんなで声を合わせてやってみます。
同じ台詞のくり返しがあり、とても盛り上がります。

●オオカミとこぶたに分かれて声を出そう

オオカミとこぶたに分かれ、それぞれの台詞のくり返し部分をみんなで言ってみましょう。

スキル UP 好きな役に分かれて劇あそびをしよう

「三匹のこぶた」の好きな役を選びます。
同じ役になった友だち同士でまとまって、それぞれの場面で一緒に声を出します。その前に、ストーリーを追いながら、オオカミや三匹それぞれのこぶたが、どんな気持ちがしているかについて、話し合ってみましょう。
役ごとに分かれて、その気持ちになって声に出す練習をしてみてもいいですね。

オオカミだぞー
家があるから大丈夫！
食べちゃうぞー

支援が必要な子どもへは

・何の役をやるのかはっきりさせてから取り組めば、楽しく参加できるでしょう。できたときは、「できたね」としっかり認めてあげましょう。

毎日の生活につなげよう !!

同じ言葉を一緒に声にするだけでも、気持ちが共有でき、一体感につながります。絵本の読み聞かせなどの機会には、ストーリーを楽しんだあとで、子どもたちが気に入ったフレーズをみんなで声に出したりしてみてもよいでしょう。

声をそろえて～

身につくスキル
生活のルールを守ることができる

お片づけ「よーいドン」

ねらい
・自分の持ち物をロッカーに入れることができる。
・使った遊具などを元あった場所に片づけることができる。

自分の持ち物や、みんなで使う用具を出して広げ、個人で、またはグループで、正しい場所に決められた時間内で片づける競争をします。
あそびながら、片づける場所や片づけ方を身につけていきます。

基本のあそび　グループ対抗「片づけリレー」をしよう

●片づけるものを確認しよう

ロッカーなどにしまっている、個人の道具（スケッチブックやクレヨン、粘土、カバンなど）を2～3、それぞれ用意して自分の前に広げます。
どこにどんなふうに片づけるのか、最初にみんなで確認しましょう。

●グループで１人ずつ順番に片づけよう

グループで片づけにいく順番を決めておき、保育者の「よーいドン」で片づけ開始。
１人ずつ片づけて、戻ってきたらタッチ。

ちゃんとしまえているかは、見ている子どもたちみんなが審査員。まちがっている子には「違うよー」などと声をかけます。

スキル UP　協力して片づけよう

大型つみきや粘土板、掃除道具など、共有の用具をいろいろと持ち出して、センターに広げて置きます。
全部片づけるのに、どのくらいかかるか、グループ対抗で時間を計って競争しましょう。

1グループが終わるごとに、そのグループの子と保育者が片づけた場所をまわって確かめましょう。

支援が必要な子どもへは

- ・こだわりの強い子には、それを生かして「○○ちゃんは、三角つみきを片づけてね」と役割を明確にすると参加できます。
- ・ほかの子にも、その子の役割をきちんと伝えてください。

毎日の生活につなげよう!!

学年のはじめに、生活ルールの確認としておこなってもよいでしょう。また、学期の終わりには、ロッカーなどから全部物を出させて拭き掃除をし、お片づけ「よーいドン」で元の場所にきれいに戻す、というのもおすすめです。

身につくスキル

生活のルールを守ることができる

手作り「生活すごろく」

ねらい

・生活習慣を身につけることができる。
・園でのルールや生活様式を身につけることができる。
・一日の活動の見通しをもてる。

園の生活の流れを追ったすごろくを作って、あそびます。
すごろくであそびながら生活の流れと約束事を確認します。
園活動の流れを把握し、見通しをもって、自分から行動できるようにします。

基本のあそび 「生活すごろく」を作ろう

〈用意〉

・模造紙などにすごろくの台紙を書き込んでおく。(台紙の見本　p.122－p.123参照)
・すごろくに貼りこむ生活のマスカード。(「朝の支度」「朝の会」「手洗い」「トイレ」「おやつ」「お昼」など)(p.124－p.125参照)

●園の1日を思い出しながらマスカードを貼ろう

すごろくの台紙をみんなで囲んで座り、マスカードをホワイトボードなどに貼って、見えるようにします。
保育者は「朝、園に来たら、一番最初にするのはなんだっけ?」などと子どもに聞いて、マスカードを置いていきます。
ひと通り並べたら、順番を確認して、マスカードを貼っていきましょう。

●すごろくあそびをしよう

貼ったら、サイコロとコマを用意して、すごろくあそびをしましょう。
生活のマスのところに止まったら、何をしている時間かを話したりしましょう。

手を洗うよ
あそんだあとは何をする?
おやつだ

スキルUP 問題に答えながら進もう

生活の約束事をクイズにしたカードを用意しておきます。（各３枚くらい）
生活のマスに止まったら、その場面に関するカードの中から１枚引きます。保育者がクイズを読んで、子どもが答えます。保育者は楽しい雰囲気で問題を出しましょう。
答えられなかったら１回休み。

●クイズの例●
お昼の場面。
・食べる前にかならずすることはなーんだ？
（手を洗う、あいさつ）
・食べる前にはなんてあいさつするのかな？
（いただきます）
・食べ終わったときのあいさつは？
（ごちそうさま）
・食べているときのお約束はなーんだ？
１つ答えよう。
（食べている途中で歩かない）
など

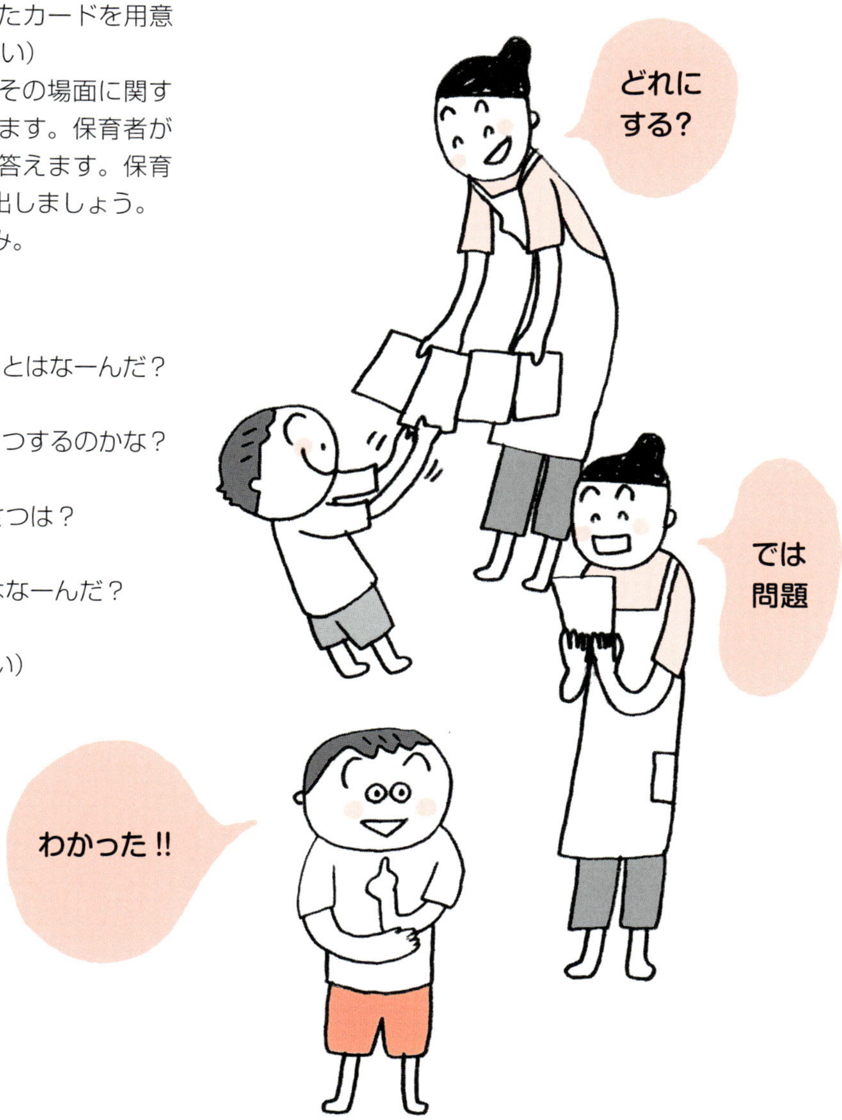
どれにする?
では問題
わかった!!

支援が必要な子どもへは

・すごろくを作る楽しさを十分に味わわせてあげましょう。
・すごろくあそびは、はじめは保育者と一緒に参加する必要がありますが、やり方に慣れれば、一人でもみんなに加わって楽しめるでしょう。

毎日の生活につなげよう!!

すごろくであそばない時間には壁に貼っておき、子どもが「生活すごろく」を確認しながら、見通しをもって自分から行動できるようにします。保育者は、折りにふれて、「次は何の時間かな？」「何を用意するんだっけ？」などと聞いてみましょう。

次は
お昼だ!!

身につくスキル

生活のルールを守ることができる

順番並びかえ競争

ねらい
・順番に並ぶことができる。
・順番を守ることができる。

早い順、背の高い順、番号順など、いろいろな順番に並びかえあそびをします。
「順番に並ぶ」ことをおもしろがる中で、順番に並ぶ、順番を守る意味を理解していきます。

基本のあそび　いろいろに並ぼう

●音楽が止まったら並びかえよう
最初は、音楽に合わせて自由に歩きます。
音楽が止まったら、保育者の「グループごと、だんだん背が高くなるように並ぼう」などという言葉を聞いて、そのように並びます。

●並んだまま行進しよう
音楽が鳴ったら、先頭の子のあとについて歩きます。
音楽が止まったら、また指示を聞いて並びかえ。
並びかえた順番でまた行進します。

「早かったね」「きれいに並べたね」などと、保育者は認める言葉をかけましょう。

●並び方の例●
「グループで、女の子、男の子、女の子、男の子ってなるように並ぼう」
「だんだん背が低くなるように、みんなで１列に並ぼう」
「グループで、お誕生日の早い子から並ぼう」

スキル UP　数カードの順番に並ぼう

〈用意〉

・赤字の１～10、青字の１～10などと文字の色を変えた１～10までの数カード。（トランプでもOK。カードが全部で、子どもの数と同じになるようにする。）

・１～10の順番がわかるように、表示しておきましょう。

※３歳児は１～５までの数で用意。

●カードを１人１枚持って歩こう

伏せてランダムに広げられたカードを、１人１枚ずつ引いていきます。

カードを手に持って、音楽に合わせて自由に歩きます。

●同じ色のカードで集まって数字の順番に並ぼう

音楽が止まったら、同じ色のカードの子どもごとに集まって、それぞれカードの１から順番に並びます。

カードを元に戻しては、くり返しあそびましょう。

支援が必要な子どもへは

・「だんだん背が高くなる並び方だよ」などと伝えて、それが目で見てはっきりと理解できると、楽しく参加できるでしょう。

・数字が好きな子には、数字（大小など）を取り入れることで、とても楽しめるあそびになります。

毎日の生活につなげよう!!

集団生活に順番はつきものですが、先のほうに並ぶ子と最後のほうになる子が決まってしまいがちです。物を受け取るときなどには、「今日は８月生まれのお友だちから並ぼう。次は９月生まれの」と、いろいろな並び方を提案してみましょう。

身につくスキル

生活のルールを守ることができる

並んであそんでスタンプラリー

ねらい

- 順番に並ぶことができる。
- 並んだ順番が先の人が優先であることがわかる。
- 順番を守ることができる。

アスレチックのようにすべての遊具をひと通りまわってあそびながら、
その都度“順番に並ぶ”ことを意識します。
並ぶ経験をくり返しながら、順番の意味を理解していきます。

基本のあそび　順番に並んで遊具であそぼう

〈用意〉

遊具ごとに並ぶための枠を、同じ数ずつかいておく。枠は、かならずクラス全員の子どもがどこかに入れる数にする。

●好きな遊具に並んであそぼう

園庭の中央で、みんなで輪になり、音楽に合わせて歩きます。音楽が止まったら、好きな遊具に向かって急いで移動し、枠に並び、順番にあそびます。
枠に入れなかったときは並べません。枠が空いている別の遊具に並びます。

移動するときは、友だちを押したりしないことなどを、しっかり話しておきましょう。

１つのあそびを終えるたびに、保育者のところに行ってスタンプを押してもらうようにします。

※全部の遊具をひと通りあそべるようなスタンプカードを用意しておきましょう。

次は
ブランコ
だ！

スキルUP　ホールでスタンプラリーをしよう

平均台や跳び箱、マットなど、さまざまな室内遊具を使って、園庭アスレチックと同じようにあそんでみましょう。

ちゃんと
並べるかな？

支援が必要な子どもへは

・スタンプカードが好きな子は多いです。保育者が一緒についてやれば、とても楽しめるでしょう。

・順番に並ぶことを意識できるように声をかけていきましょう。

毎日の生活につなげよう!!

遊具の前に並ぶ枠を用意しておくと、自由あそびのときなどでも並んで待つことが意識しやすくなります。
とくに新年度が始まった時期は、並ぶことや並ぶ位置が習慣となるまで、枠などをかいておくとよいでしょう。

わたし
１番
わたし
２番

身につくスキル

生活のルールを守ることができる

○×クイズ「いいのかな?」

ねらい
- 危険な行動をしてはいけないことがわかる。
- 人の物をとってはいけないことがわかる。
- 友だちを傷つけてはいけないことがわかる。

○×クイズ形式をとりながら、友だち同士のかかわりに関する絵について、
「いいのかな？」と考えます。
どうしてしてはいけないのかについても、みんなで考えていきたいですね。

基本のあそび 「○」と「×」で素早く答えよう

●絵を見ながら、何をしているところか話そう
「こういうことをしていいのかな？」「どうしていけないのかな？」と子どもたちに聞いて、考える時間をもちます。

●「マル」か「バツ」で答えよう
してもいいことのときは、両手で大きく丸を作って「マル」と答え、してはいけないときは、両手をクロスさせて「バツ」と答えます。
絵をかえるスピードを少しずつ早くしていき、答えるほうも素早く答えるようにしていきます。

絵をかえると見せかけて前の絵に戻ったりなど、フェイントをかけると、子どもの集中力が高まります。

〈用意〉
園生活における友だち同士のかかわりの場面を紙芝居大の絵にしておく。
(型紙　p.118－p.121)

スキル UP 「○×クイズ」でリレーをしよう

「してもいいこと」「してはいけないこと」を判断する「障害物リレー」をします。
絵カードを2セット用意し、それぞれ走るコースの途中に、カードを伏せて並べておきます。途中でカードを1枚選び、すぐに絵を見て、「してもいいこと」は○の、「してはいけないこと」は×の箱に入れ、次の走者にバトンタッチ。
基本は早くゴールしたほうが勝ちですが、○と×の箱に間違って入っていないかを確認し、早くゴールしても間違っている数が多いときは引き分けにします。

支援が必要な子どもへは

・その子がいつもしている行動を、×の場面に取り上げると、その子が悪者になってしまうかもしれません。内容をしっかり考慮しておこないましょう。

毎日の生活につなげよう!!

あそびで基本的な「よい」「悪い」の判断がついても、実際には「よい」「悪い」だけで判断できることばかりではありません。「たたいたことは悪いけど、どうしてたたいたのかな？」といったことなど、その都度みんなで考えていけるようにしましょう。

スキルあそび
総まとめ

お店やさんごっこ

クラス全体やグループ単位で話し合いをしたり、協力し合いながら、
「お店やさんごっこ」の準備をし、異年齢児をお客さんに招いて「お店やさん」を経験します。
十分な準備期間をとれるよう、活動計画を立てましょう。

1週 みんなで話し合おう（クラス活動）

ねらい
・自分の言いたいことが伝えられる。
・思ったことをよく考えてから、適切なときに発言できる。
・人の話の内容をよく聞きとることができる。
・自分があそびたいイメージを相手に伝えることができる。
・友だちが「一緒にやって」と頼んできたとき「いいよ」と言える。

●どんなお店を出すか決めよう

お店やさんを開いて、異年齢のクラスを招待することを伝えます。
まずは、どんなお店を出すかについて、クラス全体で話し合います。
商品も自分たちで作ることを考えながら、どんなお店を出すかあげていきましょう。
今まで作った物から、どんなお店が出せるかを考えても OK。

何のお店に
しようか？

はーい!!
ペットやさん

ラーメンやさん

●お店ごとにグループをつくろう

自分の作りたいお店を選びます。
１つのお店にだいたい同じ人数になるよう調整しましょう。
グループの人数が少ないときは、グループのバランスを見ながら保育者が調整したりします。
人数調整は「どうしたらいいと思う？」と話して、子どもが考えるようにしたり、子ども同士で「一緒にやって」というやりとりを経験させてもよいでしょう。

●お店やさんの準備について話し合おう

お店やさんをするために準備が必要なものについて話し合います。
５歳児クラスでは、子どもに考えさせる時間をとり、子どもの意見を尊重しながら、保育者が提案するようにします。
３、４歳児クラスでは、基本的に保育者が主導になります。

- ･お店やさんごっこには、商品のほかに何が必要か。――お店、看板、お金などについて。
- ･異年齢のクラスには、だれがどうやって誘うか。――ポスターや広告を作る？

商品のほかに、何がいるのかな？
お金
お店の看板
広告も

支援が必要な子どもへは

- ･話し合いの場面に参加することは、むずかしいかもしれません。
- ･ほかの子たちに「○○ちゃんには××やさんになってもらおうか」などと話しながら、その子が受け入れられるような雰囲気づくりを意識しましょう。

毎日の生活につなげよう!!

普段のあそびや活動の中でも、子どもが自分の考えや意見を出す機会をつくっていきましょう。「○○と××とどっちがいいかな?」と選択枠を与えるところから始め、「何をしたい?」「どうしたらいい?」と子どもの考えで活動を広げられるように導いていきましょう。

どこへお散歩に行く?
○×公園
△△の丘

2週 商品を作ろう（グループ活動）

ねらい
・自分の言いたいことが伝えられる。
・目の前にないものを思い浮かべて、表現できる。
・あそびや活動に集中できる。
・グループごとの課題活動で、がんばったことを共感し合うことができる。

●みんなで協力して作ろう

商品に必要な材料——廃品や画用紙、色紙などを十分用意します。
※お店やさんごっこをすることを家庭にも伝え、プリンやヨーグルトの空き容器、スチロールトレイ、卵パック、牛乳パックなどの提供をお願いしましょう。

MILK

それぞれのお店の品物をどう作るか、５歳児クラスは、グループごとで考えてみましょう。3、４歳児は保育者が作り方を紹介し、グループで協力し合いながら製作します。
製作場所を確保しておき、自由時間などにも、続きを作れるようにします。

手作りのお金でやりとりをする場合は、値段も相談して決めます。

できた！
たくさん作るんだよ
カンタンだよ！
こうやって作るのよ

●報告会を開こう

帰りの会などに、それぞれのお店の進み具合などを発表し合います。
互いにがんばっていることを認め合い、意欲につないでいきます。

商品の例

できるだけ子どもだけで作れるような物を提案しましょう。

クッキーやさん

紙粘土をクッキーの型で抜いて、ビーズなどで飾って乾かす。
乾いたら、透明な袋に入れて、針金テープで口を閉じる。

焼きそばやさん

色画用紙を麺や野菜に見立てて細長く切ってまぜる。紙皿にのせてラップをかける。

かき氷やさん

プリンやヨーグルトの空き容器にティッシュペーパーを丸めて入れ、水で溶いた絵の具をかける。絵の具をかけるのは注文を聞いてからにしても楽しい。

ポテトやさん

クリーム色の色画用紙を細長く切り、紙コップに立てて入れる。

支援が必要な子どもへは

- 「○○ちゃんはこれを切る係ね」と役割を具体的に伝え、それに集中して取り組めるような環境を用意してあげてください。
- 「たくさんできたね」と認める言葉をしっかりかけていきましょう。

毎日の生活につなげよう!!

みんなでひとつのものを作り上げる経験は、完成したときの喜びも大きく、自分への自信や次への意欲につながります。ブロックやつみきなどであそぶ中でも、みんなで大きな街を作るなど、ひとつを協力して作る経験を取り入れましょう。

3週 お店やさんを開こう

ねらい

- ・あいさつができる。
- ・自分の言いたいことが伝えられる。
- ・あそびや活動に集中できる。
- ・友だちといる楽しさを感じたり、友だちが持っている物や、していることに興味をもち、同じことができる。
- ・ごっこあそびなどで、役になってその役割を果たすことができる。
- ・グループごとの課題活動で、がんばったことを共感し合うことができる。
- ・あそびの中で状況が変わったり、相手が変わっても、同じ役割を続けることができる。

●開店の準備と宣伝をしよう

お店の商品を並べたり、お店を飾ったりなどの開店準備が済んだら、お客さんにどんな声をかけるかなどを確認し、声に出して練習してみましょう。
すべての準備が整ったら「○○組のお店を開店します。みんなで来てください」と宣伝にいきます。

※担任は、事前に異年齢クラスの担任と打ち合わせをして、時間調整をしておきましょう。

●売り手になって品物を売ろう

異年齢児が買い物に来たら、欲しいものを聞いてお金を受け取り、品物を渡すというやりとりを経験します。
グループを半分に分けて、前半・後半で売り手を交代制にし、買う役もできるようにしましょう。

自分たちのお店の品物が全部売れてしまったときは、どんどん作るのか、お店を閉めてほかのお店を手伝うのか、などについても相談しながら決めていきます。

●感想を発表し合おう

お店やさんごっこを終えた後は、みんなで感想を出し合う時間をもちましょう。
どんなことが楽しかったか、何が大変だったか、がんばったことなどを出し合って、
ひとつのことをやり遂げた達成感を共感し合います。

支援が必要な子どもへは

・数をかぞえるとか、商品をきれいに並べるとか、その子の得意なことを生かせるような役割を与えましょう。

毎日の生活につなげよう !!

「お店やさん」の経験から、“仕事”や“役割”に興味を向け、毎日の活動でも役割を意識しながらやりとりができるようにしていきましょう。

スキルあそび素材

●「いやいや」なあに？（p.36ーp.37）　●○×クイズ「いいのかな？」（p.110ーp.111）

必要に応じて拡大コピーしてお使いください。

生活すごろく台紙

●手作り「生活すごろく」（p.104ーp.105）

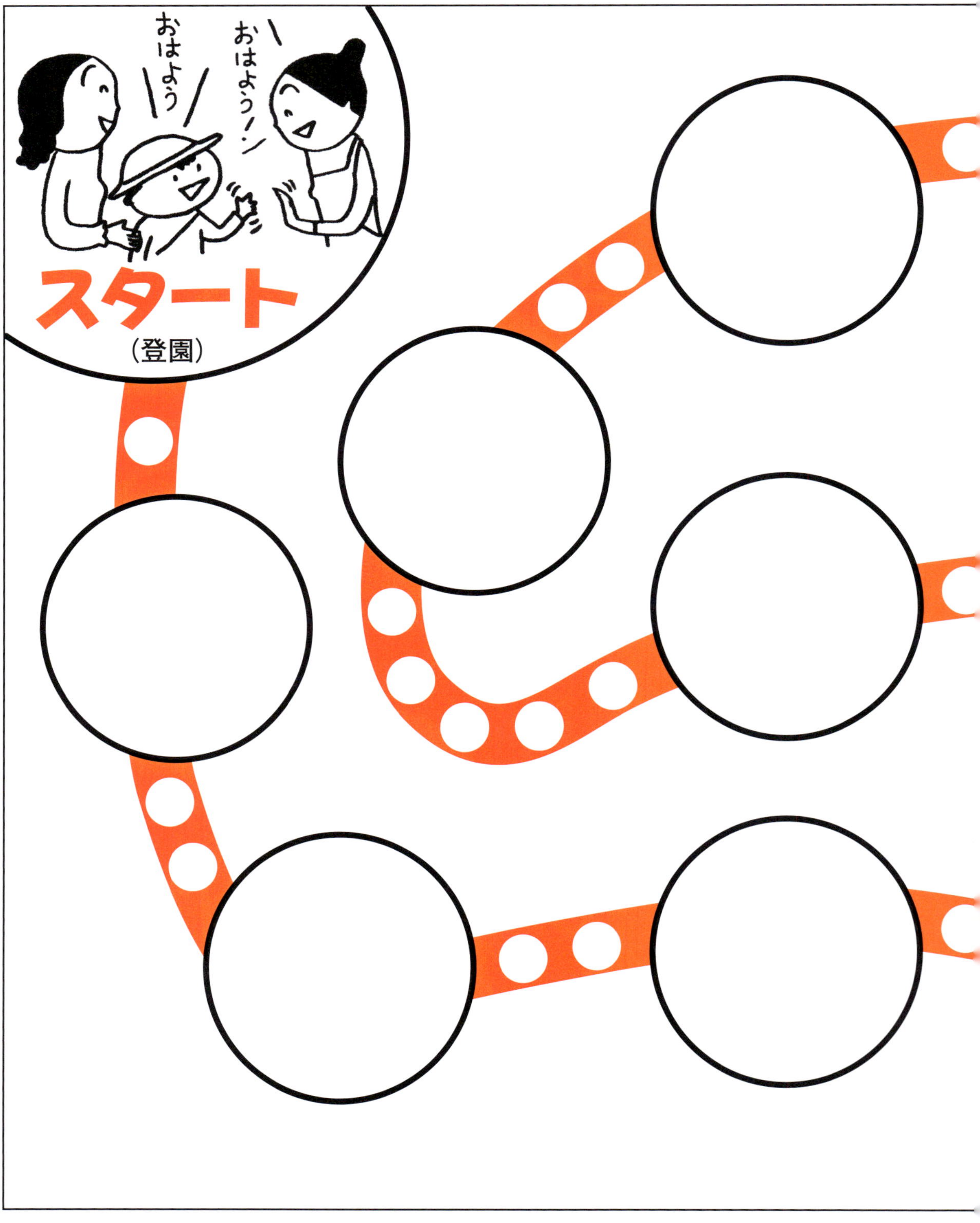

2倍に拡大コピーしてお使いください。

すごろくのマスカード素材

●朝の支度

●自由あそび

●朝の会

●トイレ

●体操

●リトミック

1.5倍に拡大コピーしてお使いください。

●片づけ

●手洗い

●お昼

●午後の自由あそび

●おやつ

●帰りの会

第3章

子どもの人間関係を支援する保育ポイント

家庭との連携・記録・支援が必要な子どもへの配慮

スキルあそびでの子どもの姿を家庭に
どう伝えていくのか。また、日々の記録にどう残し、
「要録」の記入につなげていくのか。
スキルあそびのさらなる活用を考えます。

1

スキルあそびを活用して園と家庭との連携をはかる

スキルあそびでの子どもの姿をどう伝えるか

『スキルあそび』での子どもの姿を伝えることで、人間関係の様子を保護者に知ってもらうことができます。

子どもの人間関係力を高めるためには、園と家庭とが、その子どもについて共通理解をすることがとても大切です。

そのためにも、園としては、日ごろから、子どもの友だち関係の様子を保護者に伝えていく必要があります。

このとき、「スキルあそび」の意義を伝えた上で、

・具体的にどのようなあそびをしていて、そのあそびのねらいは何か。

・そのあそびの中で子どもはどのような姿を見せているか。

を伝えることで、保護者によりわかりやすく子どもの姿を理解してもらうことができます。

子どもの人間関係力を高めようという意識を園と家庭とで共有していくことが大切です。

「スキルあそび」について保護者にお伝えすることで、保護者は子どもの人間関係の姿を意識して見守るようになります。例えば「朝、自分から元気にあいさつをするようになりました」といった小さな変化にも気づいてもらえるかもしれません。

また、幼稚園の場合は、保育園に比べると比較的、午後の時間を長く家庭で過ごしているので、公園などで子ども同士があそぶ姿を保護者が見る機会も多いでしょう。そのときの姿を具体的に知らせてもらうことで、園でどんな「スキルあそび」を取り入れていったらよいかを考えることができますね。

保護者からの話を待つのではなく、子どもの人間関係や「スキルあそび」を保護者会のテーマにあげてもよいでしょう。いずれにしても、子どもの人間関係力を高めようという意識を園と家庭とで共有していくことが大切です。

支援の必要な子どもに対しては、とくに園と家庭が協力し合って、子どもの育ちを助けていきましょう。

支援の必要な子ども――友だちと一緒に行動することが苦手な子ども、コミュニケーションがうまくとれない子ども――に対しては、とくに園と家庭の考え方、やり方に一貫性があったほうがよく、園と家庭とが共に子どもの育ちを助けていくという強い意識が必要です。

その中で、「スキルあそび」での子どもの姿を伝えていくことは、家庭への協力を具体的にお願いしやすくなると思います。

たとえば、あいさつができない子どもに対して、

「『○○○』というあそびでは、あいさつができるようになってきました。ご家庭でも、毎日『おはよう』『おやすみ』などと声をかけてあげてください。あいさつを○○ちゃんの習慣にしていきましょう」。

友だちの輪に入れない子どもに対しては、

「『△△△』というあそびで、こんな姿がありました。ぜひ、おうちでもほめてあげてください」など。

園と同じことを家庭に要求するわけにはいきませんが、家庭にも園でおこなった「スキルあそび」を紹介したり、その様子を伝えてもらったりしながら、園と家庭とが同じ方向を向いて、子どもの育ちを助けていくとよいでしょう。

2

スキルあそびを活用して個人記録・要録を記入する

記録のために見るべきポイント

ほかの子どもと一緒にあそべるかどうかを、見ていきます。

人間関係にかかわることについて言えば、「保育所保育指針」や「幼稚園教育要領」の人間関係の項目に沿って一つひとつ見ていきながら、記録をつけていくとよいのですが、とくに大事なのが、「ほかの子どもと一緒にあそべるかどうか」ということです。

一人あそびができるか、仲よしの子どもと2～3人であそべるか、数人単位のグループであそべるか、クラス単位くらいの大きな集団で動けるか、ということを見ていきます。

「大きな集団で動く」という点については、さらに、ルールのあるあそびができるか、給食などルールのある生活の場面できちんと動けるか、グループ対グループの競い合いができるか、ということを確認していきます。

「スキルあそび」はねらいが明確ですから、見るべきポイントがつかみやすいあそびです。子どもの集団での姿を把握するためにも、取り入れていきたいですね。

あそんでいるときの子ども同士の関係性も記録していくべき大切なポイントです。

あそんでいるときの、子ども同士の関係性も重要です。どの子がリーダーで、どの子がフォロワー（ついていく側）なのか。対等な関係であそんでいるのか、そうではないのか。さらに、そこに協力関係が成り立っているかどうか、という点を中心に見ていきます。

複数の子どもであそんでいるときには、あそびの中での個の姿も見ていきます。ある程度ルールに従ってあそべるのか、あそびを工夫したり、提案したりできるのか、ということを確認します。

「スキルあそび」は、人間関係や集団の中での個の姿をとらえやすいあそびです。しっかり活用していくとよいでしょう。

個人記録と、小学校に向けての要録とでは、ていねいに記録すべき部分が違います。

個人記録の種類によって、ていねいに記録していくべき部分は違います。

●年少組から年中組へなど、学年が上がるときの個人記録の場合

それぞれの年齢ごとに期待されている発達の程度というものがあり、園では、それに基づいて保育課程などを決めています。個人記録は、それに沿ってどの程度発達しているかということを中心に記録します。期待されている発達に全く至ってなかったり、大きく超えていたりする場合は、ていねいに見守り記録します。

●小学校に向けての要録の場合

小学校は教室単位、授業を中心に生活がまわりますから、集団行動ができるかどうかが重要なポイントとなります。

そこで、集団で行動できるか、ルールに従って行動できるかどうかをとくにていねいに記録していくとよいでしょう。

3

支援が必要な子どもへの配慮

クラス担任ができることは何か？

支援が必要な子どもには、その子に応じた対応をしましょう。

集団になじめないなどで支援が必要な子どもがクラスにいる場合、担任としては、その子に応じた対応をしながら、クラスの活動を進める必要があります。

各々の「スキルあそび」については、「支援が必要な子どもへは」での対応ポイントを参考にしながらも、その子の特徴に応じた対応を考えていきましょう。

●言葉による指示が理解しにくい子どもの場合

あそび方を伝えたり、指示を与える際には、具体的かつ視覚的に伝えるなどの工夫が必要です。また、一度にたくさんのことを伝えようとすると混乱してしまうので、一つずつ明確に伝えるように心がけましょう。

●刺激によって興奮しやすい子どもの場合

「スキルあそび」では、みんなが自由に動いたり、声を出したりする場面が多くあります。このような場面では、興奮し過ぎたり、疲れることも多いので、ほかの子どもから離れて一人でいられる場所を確保しておくようにしましょう。

●ルールややり方が理解できない子どもの場合

単純で明確な言葉や動きで、ルールを伝えるようにします。

集団の中で保育者が全体に向けて話すとき、それが自分に関係ある言葉だとわからずに、話を理解できないことがよくあります。ですから、全体に向けて話をするときでも、その子のそばで話すとか、その子に目を向けて話すなどの配慮が必要です。

クラスのほかの子どもたちにも、接し方を伝えていきましょう。

クラスのほかの子どもに対して、支援の必要な子どもへの接し方を伝えていく必要があります。これも対人関係スキルの一つ。

「○○ちゃんは、大きな声が嫌いだから、小さな声で話してあげよう」とか、「○○ちゃんには、こういうやり方をすると、みんなと一緒にできるよ」などと、どのようにかかわっていけばよいのかを具体的に伝えていくとよいでしょう。

「スキルあそび」を取り入れながら子どもの個性をよく理解しましょう。

クラスの担任としては、その子の行動の特徴を理解するのはもちろん、個性もよく理解しておく必要があります。そのためには、保護者から話を聞くことはもちろん、園長や主任、担任以外の保育者など、いろいろなところから情報を得ていくことが大切です。

「スキルあそび」もそのためのツールとして、活用していくとよいでしょう。

（無藤　隆）

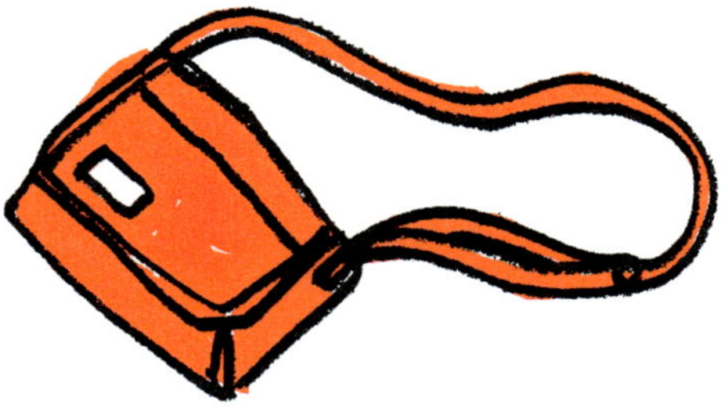

索引

“ねらい”からあそびを引くことができます。
指導計画の立案などにご活用ください。

1 あいさつや自己紹介ができる

あそびの番号

・あいさつができる……1 2 45（3週）
・自己紹介ができる……3
・言葉や表情、身振りで「ありがとう」を伝えることができる……4

2 気持ちを表したり、言葉で伝えられる

・自分の気持ちを表情に出すことができる……5 6
・自分の言いたいことが伝えられる……3 8 9 16 45（1週）（2週）（3週）
・わからないときに友だちや先生に尋ねることができる……8
・自分の気持ちや要求を言葉で伝えることができる……7 8 9
・嫌なことは嫌と相手に伝えられる……7
・（理由を述べて）断ることができる……22
・自分があそびたいイメージを相手に伝えることができる……45（1週）
・自分の意見を相手に伝えることができる……7
・目の前にないものを思い浮かべて、表現できる……7 9 15 21 45（2週）

3 気持ちを調整できる

・気持ちの切り替えや感情のコントロールができる……10 13
・一斉活動のときに落ち着いて座っていることができる……10 12
・思ったことをよく考えてから、適切なときに発言できる……45（1週）
・嫌な気持ちに気づいても、最後まで取り組むことができる……11
・あそびや活動に集中できる……10 12 45（2週）（3週）
・負けて悔しい気持ちに気づくことができるとともに、
　その気持ちを落ち着けることができる……11 13
・友だちが「一緒にやって」と頼んできたとき「いいよ」と言える……29 45（1週）

4 人の話を聞くことができる

・相手と意見が合わなくても、互いに気持ちを伝え合える……17 29
・人の話の内容をよく聞きとることができる……12 14 15 16 17 45（1週）
・人の話を静かに聞ける……15

5 自分から仲間に加わることができる

・緊張しながらも、仲間に入ってあそぶことができる……19
・「入れて」と言ってあそびの仲間に入ることができる……19
・友だちといる楽しさを感じたり、友だちが持っている物や、
　していることに興味をもち、同じことができる……18 20 21 36 37 38 45（3週）

6 ルールを守ってあそぶことができる

・遊具を「貸して」と言ったり、友だちが使い終えるまで待つことができる……22
・友だちに遊具などを貸すことができる……22
・あそびのルールを理解することができる……2 4 23 24 25 26
・あそびのルールを守ることができる……24 26

※あそびの番号は、各あそびの右ページ端に表示してある番号です。

あそびの番号

・ごっこあそびなどで、役になってその役割を果たすことができる —— **45**（３週）
・あそびの中で状況が変わったり、相手が変わっても、同じ役割を続けることができる —— **45**（３週）
・あそびの中で役割を交互に交代することができる —— **14　23**
・遊具を交代で使うことが理解できる —— **24**
・友だちを助けたり、大切にできる —— **22　26**
・遊具を大切に使える —— **25**

7 人の気持ちを考えて行動できる

・相手の表情を読み取ることができる —— **5　6　28**
・相手の気持ちを察したり、理解することができる —— **27　28　30**
・自分と相手との思いの違いに気づける —— **27　30**
・自分とは違う意見を理解することができる —— **27**
・相手の行動の意図が理解できる —— **28**
・相手のことを思いやって行動できる —— **25　31**
・友だちが「一緒にやって」と頼んできたとき「いいよ」と言える —— **29　45**（１週）
・友だちを傷つけてはいけないことがわかる —— **44**
・友だちの嫌がるようなことをしない —— **23**

8 他者と会話ができる

・自分が話したいことと相手の内容を合わせて、言葉のやりとりができる —— **30　32　33　34**
・自分が伝えたい相手に向かって話しかけることができる —— **31　33**
・電話ごっこなどで、二人で交互に会話してあそぶことができる —— **32**
・相手と意見が合わなくても、互いに気持ちを伝え合える —— **17　29**
・年下の子の世話をしたり、手伝いができる —— **34**

9 他者と思いを共有できる

・友だちといる楽しさを感じたり、友だちが持っている物や、
していることに興味をもち、同じことができる —— **18　20　21　36　37　38　45**（３週）
・同じところで反応し、同じところがわかりあえたことをうれしいと感じられる —— **35　36　37　38　39**
・グループごとの課題活動で、がんばったことを共感し合うことができる —— **35　45**（２週）（３週）

10 生活のルールを守ることができる

・自分の持ち物をロッカーに入れることができる —— **40**
・使った遊具などを元あった場所に片づけることができる —— **40**
・順番に並ぶことができる —— **42　43**
・並んだ順番が先の人が優先であることがわかる —— **43**
・順番を守ることができる —— **20　42　43**
・人の物をとってはいけないことがわかる —— **44**
・危険な行動をしてはいけないことがわかる —— **44**
・生活習慣を身につけることができる —— **41**
・園でのルールや生活様式を身につけることができる —— **41**
・一日の活動の見通しをもてる —— **41**

■ご協力いただいた先生

無藤 隆
白梅学園大学大学院特任教授（監修・指導・取材）

白川佳子
共立女子大学家政学部教授

川口順子
元東京都目黒区立ひがしやま幼稚園長（「支援が必要な子どもへは」取材）

小泉かおる
社会福祉法人中央愛児園心理士

小保方晶子
白梅学園大学子ども学部准教授

上記５名の先生に、幼児期のソーシャルスキルの分類をお願いいたしました。

■編集協力

編集協力：萌木立みどり（有限会社グループこんぺいと）・鈴木麻由美
表紙・本文デザイン＆ DTP：株式会社ライトスタッフ
表紙・本文イラスト：石川えりこ
楽譜作成：石川ゆかり

人とのかかわり方を育てる
スキルあそび45

2010年９月20日　初版第１刷発行
2017年10月30日　初版第６刷発行

監修・指導　無藤 隆
企　画　NPO 日本標準教育研究所
発行者　伊藤 潔
発行所　株式会社日本標準
〒167-0052　東京都杉並区南荻窪 3-31-18
TEL：03-3334-2630［編集］
03-3334-2620［営業］
URL：http://www.nipponhyojun.co.jp/

印刷・製本　株式会社リーブルテック

ISBN978-4-8208-0468-0 C2037 ／ Printed in Japan